KB057540

요르단 하심 왕국 헌법

دستور المملكة الأردنية الهاشمية

명지대학교중동문제연구소
중동국가헌법번역HK총서 12

요르단 하심 왕국 헌법

دستور المملكة الأردنية الهاشمية

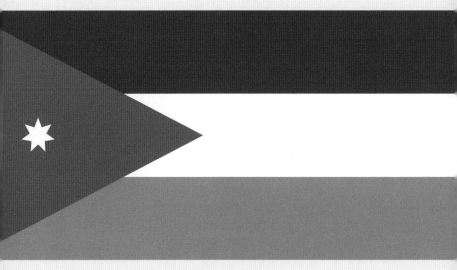

명지대학교 중동문제연구소
معهد الدراسات لشؤون الشرق الأوسط
جامعة ميونغ جي

모시는사람들

머리말

명지대학교 중동문제연구소는 2010년부터 10년 동안 한국연구
재단의 인문한국(HK)지원사업 해외지역연구 사업을 수행하고 있
습니다. "현대 중동의 사회변동과 호모이슬라미쿠스: 샤리아 연구
와 중동학 토대구축"이란 대주제 하에 종합지역 연구(아젠다), 종
합지역정보시스템 구축, 지역전문가 및 학문후속세대 양성, 국내
외네트워크 형성 및 협력 강화, 사회적 서비스 사업을 중점적으로
수행하고 있습니다.

이러한 사업의 일환으로 중동문제연구소에서는 현대 중동 국가
들의 정체성을 가장 구체적이고, 가장 명료하게 표현해 놓은 중동
국가들의 헌법 원문(아랍어, 페르시아어, 터키어, 히브리어)을 우
리 글로 번역 출판하는 작업을 하고 있습니다.

『사우디아라비아 통치기본법』(2013.05.31)을 시작으로『쿠웨
이트 헌법』(2014.04.30),『아랍에미리트 헌법』(2014.06.30),『카
타르 헌법』(2015.04.30),『오만 술탄국 기본법』(2015.05.31),『바

레인 헌법』(2016.01.30), 『사우디아라비아 통치기본법(개정판)』
(2016.05.25), 『튀니지 헌법』(2016.05.31), 『알제리 인민민주공화국
헌법』(2017.05.31), 『이란 이슬람공화국 헌법』(2017.06.30), 『모로코
왕국 헌법』(2018.01.20), 『이집트 아랍 공화국 헌법』(2018.06.30)을
우리 글로 옮겨 세상에 내어놓았고, 이번에는 『요르단 하심 왕국 헌
법』을 번역 출판합니다. 아랍어 원문의 의미에 가장 가까우면서도
독자들이 가장 잘 이해할 수 있도록 번역하기 위해 언어학자, 정치
학자, 종교학자, 변호사가 함께 했습니다.

　헌법은 한 국가의 정치적 · 경제적 · 사회적 · 문화적 정체성과 그
안에 살고 있는 사람들의 삶의 양태를 가장 포괄적으로 규정하고 있
습니다. 또 헌법이 작동하는 국가에서 살고 있는 사람들은 법 생활
뿐 아니라 정치 · 경제 생활에서도 상호공통의 정향성을 형성합니
다. 따라서 한 국가의 정체성을 이해하기 위해서는 우선 해당 국가
의 헌법을 이해하는 것이 가장 기초적이면서도 중요한 일입니다.

　요르단은 1946년 5월 독립 주권 국가가 되면서 1947년 2월 1일
헌법 초안을 작성하여 관보에 게재하였고, 1947년 11월 28일 입법
위원회에서 헌법을 채택하였습니다. 1952년에 제정된 헌법은 이후
2014년과 2016년에 개정되었고, 2016년에 개정된 헌법은 제10장
131조(제1장 국가와 통치체제, 제2장 요르단 국민의 권리와 의무,

제3장 권한 총칙, 제4장 행정권, 제5장 헌법재판소, 제6장 입법권 움마의회, 제7장 사법권, 제8장 재무, 제9장 일반 조항, 제10장 법률의 효력과 폐지)로 구성되었습니다.

　요르단은 주권을 가진 독립 아랍국가, 아랍 움마의 일부, 세습 왕정 내각제이고(제1조), 이슬람을 국교로 하고 아랍어를 공용어로 하며(제2조), 각종 자유와 권리를 보장하고 국민의 의무를 이행할 것(제7조-제23조)을 규정하고 있습니다. 삼권이 분립되어 있는데, 행정권은 국왕에게 있고(제26조), 입법권은 입헌군주제임을 고려하여 상원의회와 하원의회로 구성되어 있는 움마의회(국회)와 국왕에게 있으며(25조), 독립된 사법권은 법원에 있습니다. 국왕은 국가 원수(제30조)이고, 국군의 최고사령관(제32조)이며, 상원과 하원을 해산할 수 있고(제34조), 총리 임면권(제35조), 상원의회 의원 임면권(제46조), 감형 및 특별사면권(제38조), 칙령권(제40조), 계엄령 선포권(제125조), 헌법 개정 비준권(제126조)을 가집니다. 하원의회는 내각 불신임권을 가지고(제54조), 법률에 의해 6년 임기의 최소 9명의 재판관으로 구성된 헌법재판소가 설립됩니다(제58조). 상원의회 의원 임기는 4년이며 재임명될 수 있으며(제65조), 하원의회 의원의 임기는 4년이고(제68조) 보통, 비밀, 직접 선거로 선출됩니다(제67조). "총리는 모든 법안을 하원의회에 회부하여야 하고, 하원은 모든 법안에 대하여 승인, 수정, 거부할 수 있다. 모든 법안은 상원의회에 상정된다. 법률은 양 의회의 승인과 국왕의 비준 없이는 공포되지 아니한다"(제91조)는 규정으로 보아, 법률제정권은 국왕, 정부(총리), 움마의회에 분산되어 있다고 할 수 있습니다. 법원은 민사법원, 종교법원, 특별법원 세 종류가 있습니다(제99조). "시의회와 지방의회의 업무는 특별법에 따라 시의회나 지방의회가 관리한다(제121조)"는 조항으로 보아 지방자치제를 시행하고 있다고 볼 수 있습니다.

중동문제연구소는 중동연구의 기반 구축 사업의 일환으로 중동 주요 국가들의 헌법을 원문에 충실하게 번역하는 우리나라 최초의 연구소입니다. 무슨 일이나 '최초'라는 것은 개척자라는 의미도 있지만 용기와 두려움을 필요로 합니다. 아랍어문학, 정치학, 이슬람학 전공자들이 번역하고, 법 전문가의 감수를 받았음에도 세상에 내놓기에 두려움이 앞섭니다.

강의와 논문 작성 등 교수의 본업을 충실히 하면서도 꾸준히 공동번역과 여러 차례 교정 작업을 했고 법 전문가의 감수를 거쳤습니다. 그럼에도 불구하고 아랍어 자체의 난해함과 언어문화나 언어구조가 우리와 달라 독자 여러분이 읽기에 난해한 부분이 있을 것입니다. 독자들의 애정 어린 평가를 기대합니다.

『요르단 하심 왕국 헌법』을 번역하여 출판할 수 있도록 재정 지원을 해준 한국연구재단, 초벌 번역을 해 준 김현수(연세대 대학원 법학과 석사과정), 번역과 검토 및 수정 작업에 참여한 중동문제연구소 김종도 교수, 정상률 교수, 임병필 교수, 박현도 교수와 감수를 맡아 꼼꼼히 읽고 평가해 주신 MEA 로펌의 김현종 변호사, 남혜진 변호사께 감사의 마음을 전합니다.

2019년 6월 15일

명지대학교 중동문제연구소장

차례

머리말 ———— 5

요르단 하심 왕국 헌법 ——————— 13

　제1장 국가와 통치체제 ————— 14

　제2장 요르단 국민의 권리와 의무 —— 18

　제3장 권한 총칙 ——————— 36

　제4장 행정권 ———————— 40

　　제1절 국왕과 권리 —————— 40

　　제2절 장관 ———————— 58

　제5장 헌법재판소 —————— 74

　제6장 입법권 움마의회 ———— 82

제1절 상원의회 ──────── 82

제2절 하원의회 ──────── 86

제3절 두 의회의 포괄적 규범 ──────── 98

제7장 사법권 ──────── 128

제8장 재무 ──────── 142

제9장 일반 조항 ──────── 152

제10장 법률의 효력과 폐지 ──────── 162

문화의 용광로, 요르단 하심 왕국 ────── 169

1. 요르단 개관 ──────── 171

2. 역사 ──────── 173

3. 하심가 중심의 근대 국가 건설 ────── 179

4. 요르단 하심 왕국 헌법과
   정치체제 —————————— 189

5. 요르단의 종교와 문화 ————— 191

6. 요르단 경제 ————————— 195

7. 한국-요르단 관계 ———————— 198

참고문헌 ————————— 202
찾아보기 ———————— 203

요르단 하심 왕국 헌법

제1장 국가와 통치체제

제2장 요르단 국민의 권리와 의무

제3장 권한 총칙

제4장 행정권

제5장 헌법재판소

제6장 입법권 움마의회

제7장 사법권

제8장 재무

제9장 일반 조항

제10장 법률의 효력과 폐지

제1장
국가와 통치체제

제1조

요르단 하심[1] 왕국은 주권을 가진 독립 아랍 국가이고, 왕권의 그 어느 부분도 분리되거나 포기되지 않는다. 요르단 국민은 아랍 움마(공동체)[2]의 일부이고, 통치체제는 세습 왕정 내각제이다.

제2조

이슬람은 국교이고, 아랍어는 공용어이다.

제3조

암만[3]은 왕국의 수도이고, 특별법에 따라 다른 곳으로 이전할 수 있다.

الفصل الأول
الدولة ونظام الحكم فيها

(المادة ١)

المملكة الأردنية الهاشمية دولة عربية مستقلة ذات سيادة ملكها لا يتجزأ ولا ينزل عن شيء منه، والشعب الأردني جزء من الأمة العربية ونظام الحكم فيها نيابي ملكي وراثي.

(المادة ٢)

الإسلام دين الدولة واللغة العربية لغتها الرسمية.

(المادة ٣)

مدينة عمان عاصمة المملكة ويجوز نقلها إلى مكان آخر بقانون خاص.

제4조

요르단 국기의 형태와 치수는 다음과 같다. 가로는 세로의 두 배이고, 평행하는 세 부분으로 균등하게 분할되며 가장 위는 검정색, 중간은 하얀색, 가장 아래는 초록색이다. 깃대 쪽으로 빨간색 삼각형이 놓여 있고, 삼각형의 기선은 국기의 세로와 같으며, 높이는 가로의 절반과 같다. 삼각형 안에는 하얀색의 칠각별이 있고, 넓이는 원의 직경이 담을 수 있을 정도이며 국기 가로의 14분의 1에 해당한다. 별의 중앙은 삼각형의 각들 사이에 있는 선들이 교차하는 점에 위치하고, 꼭지점을 통과하는 축은 삼각형의 기선과 평행한다.[4]

(المادة ٤)

تكون الراية الأردنية على الشكل والمقاييس التالية. طولها ضعف عرضها وتقسم أفقيًا إلى ثلاث قطع متساوية متوازية العليا منها سوداء والوسطى بيضاء والسفلى خضراء، يوضع عليها من ناحية السارية مثلث قائم أحمر قاعدته مساوية لعرض الراية وارتفاعه مساو لنصف طولها وفي هذا المثلث كوكب أبيض سباعي الأشعة مساحته مما يمكن أن تستوعبه دائرة قطرها وأحد من أربعة عشر من طول الراية وهو موضوع بحيث يكون وسطه عند نقطة تقاطع الخطوط بين زوايا المثلث وبحيث يكون المحور المار من أحد الرؤوس موازيًا لقاعدة هذا المثلث.

제2장
요르단 국민의 권리와 의무

제5조
요르단 국적은 법률로 정한다.

제6조
1. 요르단 국민은 법 앞에 평등하고 인종, 언어, 종교가 다르더라도 권리와 의무에서 차별 받지 아니한다.
2. 국가와 영토에 대한 방어, 국민 통합 및 사회 평화의 수호는 모든 요르단 국민의 숭고한 의무이다.
3. 국가는 가능한 범위 내에서 모든 요르단 국민들에게 노동과 교육[5]을 보장하고 안정 및 동등한 기회를 보장한다.
4. 가족은 사회의 토대이고, 가족의 토대는 종교 · 도덕 · 애국심이다. 법률은 가족의 법인격을 보호하고, 가족의 유대와 가치를 공고히 한다.

الفصل الثاني
حقوق الأردنيين وواجباتهم

(المادة ٥)

الجنسية الأردنية تحدد بقانون.

(المادة ٦)

١– الأردنيون أمام القانون سواء لا تمييز بينهم في الحقوق والواجبات وإن اختلفوا في العرق أو اللغة أو الدين.

٢– الدفاع عن الوطن وأرضه ووحدة شعبه والحفاظ على السلم الاجتماعي واجب مقدس على كل أردني.

٣– تكفل الدولة العمل والتعليم ضمن حدود إمكانياتها وتكفل الطمأنينة وتكافؤ الفرص لجميع الأردنيين.

٤– الأسرة أساس المجتمع قوامها الدين والأخلاق

5. 법률은 어머니·어린이·노인을 보호하고, 청년과 장애인을 보살피며 그들을 착취와 학대로부터 보호한다.

제7조

1. 개인의 자유는 보장된다.

2. 모든 기본권(공적 권리)과 공적 자유 및 요르단 국민의 사생활에 대한 침해는 법률이 정하는 바에 따라 처벌된다.

제8조

1. 누구든지 법률에 의하지 아니하고는 체포, 구금, 억류되거나 자유를 제한 받지 아니한다.

2. 누구든지 체포되거나 구금되거나 또는 자유를 제한 받을 때에는 인간으로서의 존엄을 보호하는 방식으로 대우받아야 한다. 모든 고문과 신체적·심리적 학대는 금지되

وحب الوطن، يحفظ القانون كيانها الشرعي ويقوي أواصرها وقيمها.

٥ – يحمي القانون الأمومة والطفولة والشيخوخة ويرعى النشء وذوي الإعاقات ويحميهم من الإساءة والاستغلال.

(المادة ٧)

١ – الحرية الشخصية مصونة.

٢ – كل اعتداء على الحقوق والحريات العامة أو حرمة الحياة الخاصة للأردنيين جريمة يعاقب عليها القانون.

(المادة ٨)

١ – لا يجوز أن يقبض على أحد أو يوقف أو يحبس أو تقيد حريته إلا وفق أحكام القانون.

٢ – كل من يقبض عليه أو يوقف أو يحبس أو تقيد حريته تجب معاملته بما يحفظ عليه كرامة الإنسان، ولا يجوز تعذيبه، بأي شكل من الأشكال، أو إيذاؤه

며 법률이 정하는 장소에서만 구금할 수 있다. 협박, 고문, 모욕 및 위협으로 인하여 취득한 진술은 신빙성이 없다.

제9조

1. 요르단 국민은 왕국의 영토[6]에서 추방당하지 아니한다.
2. 요르단 국민은 법률에서 정한 경우가 아닌 한, 어떤 장소에 거주하는 것이 금지되지 아니하고, 특정 장소에 거주하도록 강요 받지 아니한다.

제10조

거주지는 불가침이고, 법률이 정하는 경우와 방식에 따르는 경우에는 그러하지 아니한다.

제11조

공익과 법률이 정한 바에 따른 공정한 보상에 의하지 아니하는 한, 개인의 재산을 수용할 수 없다.

بدنيًا أو معنويًا، كما لا يجوز حجزه في غير الأماكن التي تجيزها القوانين، وكل قول يصدر عن أي شخص تحت وطأة أي تعذيب أو إيذاء أو تهديد لا يعتد به.

(المادة ٩)

١ - لا يجوز إبعاد أردني من ديار المملكة.

٢ - لا يجوز أن يحظر على أردني الإقامة في جهة ما ولا أن يلزم بالإقامة في مكان معين إلا في الأحوال المبينة في القانون.

(المادة ١٠)

للمساكن حرمة فلا يجوز دخولها إلا في الأحوال المبينة في القانون، وبالكيفية المنصوص عليها فيه.

(المادة ١١)

لا يستملك ملك أحد إلا للمنفعة العامة وفي مقابل تعويض عادل حسبما يعين في القانون.

제12조

법률에 의하지 아니하는 한, 강제 채무를 부과할 수 없으며 동산이나 부동산은 몰수되지 않는다.

제13조

누구든지 노동을 강요 받지 아니한다. 그러나 법률이 정하는 바에 따라 누구에게나 노동이나 서비스를 부과할 수 있다.

1. 전쟁, 공공위험,[7] 화재 · 홍수 · 기아 · 지진, 인간과 동물에게 위협적인 전염병, 동물이나 곤충이나 식물의 병변(病變)[8] 또는 그와 유사한 기타 병변, 주민 전체 또는 일부의 안전을 위험에 빠뜨리게 할 수 있는 상황과 같은 불가항력적인 경우

2. 법원의 판결에 의한 경우. 이러한 경우라도 공식 기관의 감독 하에 해당 업무나 서비스를 수행하여야 하고, 유죄 판결을 받은 자는 어떠한 사람이나, 기업이나, 단체나, 공공 기관에 강제 고용되거나 그들의 관리 하에 두지 않는다.

(المادة ١٢)

لا تفرض قروض جبرية ولا تصادر أموال منقولة أو غير منقولة إلا بمقتضى القانون.

(المادة ١٣)

لا يفرض التشغيل الإلزامي على أحد غير أنه يجوز بمقتضى القانون فرض شغل أو خدمة على أي شخص:

١ – في حالة اضطرارية كحالة الحرب، أو عند وقوع خطر عام، أو حريق، أو طوفان، أو مجاعة، أو زلزال، أو مرض وبائي شديد للإنسان أو الحيوان أو آفات حيوانية أو حشرية أو نباتية أو أية آفة أخرى مثلها أو في أية ظروف أخرى قد تعرض سلامة جميع السكان أو بعضهم إلى خطر.

٢ – بنتيجة الحكم عليه من محكمة، على أن يؤدي ذلك العمل أو الخدمة تحت إشراف سلطة رسمية وأن لا يؤجر الشخص المحكوم عليه إلى أشخاص أو شركات أو جمعيات أو أية هيئة عامة أو يوضع تحت تصرفها.

제14조

국가는 공공질서와 도덕에 어긋나지 않는 한 왕국(국가)에서 통용되는 관습에 따라 예배와 종교[9] 의식 수행의 자유를 보호하여야 한다.

제15조

1. 국가는 표현(의견)의 자유를 보장한다. 모든 요르단 국민은 연설·문서·사진 등 모든 수단으로 자신의 의견을 자유롭게 표현할 수 있다. 다만 법률을 위반하여서는 아니 된다.

2. 국가는 법률, 공공질서, 도덕에 위반되지 않는 범위 내에서 학문 연구·문학·미술·문화·스포츠의 창의성 자유를 보장한다.

3. 국가는 법률이 정한 바에 따라 언론 및 미디어[10]의 자유를 보장한다.

4. 신문과 미디어를 중단하거나 허가를 취소할 수 없다. 그러나 법률에 따른 경우에는 그러하지 아니하다.

(المادة ١٤)

تحمي الدولة حرية القيام بشعائر الأديان والعقائد طبقًا للعادات المرعية في المملكة ما لم تكن مخلة بالنظام العام أو منافية للآداب.

(المادة ١٥)

١ - تكفل الدولة حرية الرأي، ولكل أردني ان يعرب بحرية عن رأيه بالقول والكتابة والتصوير وسائر وسائل التعبير بشرط أن لا يتجاوز حدود القانون.

٢ - تكفل الدولة حرية البحث العلمي والإبداع الأدبي والفني والثقافي والرياضي بما لا يخالف أحكام القانون أو النظام العام والآداب.

٣ - تكفل الدولة حرية الصحافة والطباعة والنشر ووسائل الإعلام ضمن حدود القانون.

٤ - لا يجوز تعطيل الصحف ووسائل الإعلام ولا إلغاء ترخيصها إلا بأمر قضائي وفق أحكام القانون.

٥ - يجوز في حالة إعلان الأحكام العرفية أو الطوارئ

5. 계엄령 또는 긴급사태 공포 시 국방과 공공의 안전에 위해가 되는 사안에 한하여 법률이 정한 바에 따라 신문, 출판물, 저작물, 미디어 및 통신 수단에 대한 제한된 통제를 할 수 있다.[11]

6. 취재원에 대한 통제는 법률로 정한다.

제16조

1. 요르단 국민에게는 법률이 정한 한도 내에서 집회의 자유가 있다.

2. 요르단 국민은 정당[12] 및 단체를 설립할 권리가 있고, 그 정당과 단체는 합법적인 목적에 따라 평화적인 수단을 통해 설립되어야 하며, 헌법에 위배되지 않는 내규를 제정할 수 있다.

3. 단체 및 정당의 설립과 규제에 관한 내용은 법률로 정한다.

أن يفرض القانون على الصحف والنشرات والمؤلفات ووسائل الإعلام والاتصال رقابة محدودة في الأمور التي تتصل بالسلامة العامة وأغراض الدفاع الوطني.

٦ – ينظم القانون أسلوب المراقبة على موارد الصحف.

(المادة ١٦)

١ – للأردنيين حق الاجتماع ضمن حدود القانون.

٢ – للأردنيين الحق في تأليف الجمعيات والأحزاب السياسية تكون غايتها مشروعة ووسائلها سلمية وذات نظم لا تخالف أحكام الدستور.

٣ – ينظم القانون طريقة تأليف الجمعيات والأحزاب السياسية ومراقبة مواردها.

제17조

요르단 국민에게는 그들에게 영향을 끼치는 사적인 문제나 공적 사안과 관련된 문제에 관하여 국가 기관에 청원할 권리가 있다. 이와 관련한 내용은 법률로 정한다.

제18조

모든 우편·전신·전화 및 기타 통신 수단은 비밀로 간주되어야 하고 감시, 조사, 중지, 압류를 할 수 없다. 다만 법률에서 정한 경우에는 그러하지 아니하다.

제19조

단체는 구성원 교육을 위하여 학교를 설립하고 유지할 권리를 가진다. 그러나 법률에서 정한 일반적인 규정들을 준수하고, 교육 과정과 목표에 관하여 정부의 통제를 받아야 한다.

(المادة ١٧)

للأردنيين الحق في مخاطبة السلطات العامة فيما ينوبهم من أمور شخصية أو فيما له صلة بالشؤون العامة بالكيفية والشروط التي يعينها القانون.

(المادة ١٨)

تعتبر جميع المراسلات البريدية والبرقية والمخاطبات الهاتفية وغيرها من وسائل الاتصال سرية لا تخضع للمراقبة أو الإطلاع أو التوقيف أو المصادرة إلا بأمر قضائي وفق أحكام القانون.

(المادة ١٩)

يحق للجماعات تأسيس مدارسها والقيام عليها لتعليم أفرادها على أن تراعى الأحكام العامة المنصوص عليها في القانون وتخضع لرقابة الحكومة في برامجها وتوجيهها.

제20조

초등교육은 요르단 국민의 의무이고, 공립학교는 무상이다.

제21조

1. 정치적 망명자는 정치적 신념이나 자유 수호를 이유로 인도되지 아니한다.

2. 일반 범죄자 인도는 국제 협약과 법률에 따른다.

제22조

1. 모든 요르단 국민에게는 법률이나 관련 규정이 정하는 바에 따라 공무담임권이 있다.

2. 정부 · 정부의 부속기관 · 시청의 상시직 및 임시직에 대한 임명은 자격과 능력을 바탕으로 이루어져야 한다.

(المادة ٢٠)

التعليم الابتدائي إلزامي للأردنيين وهو مجاني في مدارس الحكومة.

(المادة ٢١)

١ – لا يسلم اللاجئون السياسيون بسبب مبادئهم السياسية أو دفاعهم عن الحرية.

٢ – تحدد الاتفاقيات الدولية والقوانين أصول تسليم المجرمين العاديين.

(المادة ٢٢)

١ – لكل أردني حق في تولي المناصب العامة بالشروط المعينة بالقوانين أو الأنظمة.

٢ – التعيين للوظائف العامة من دائمة ومؤقتة في الدولة والإدارات الملحقة بها والبلديات يكون على أساس الكفاءات والمؤهلات.

제23조

1. 노동은 모든 국민의 권리이고, 국가는 국가 경제를 관장하고 부흥시킴으로써 요르단 국민에게 이를 제공할 의무가 있다.

2. 국가는 노동을 보호하고, 다음과 같은 원칙에서 법률을 제정한다.

가. 노동의 양과 질에 부합하는 임금 지급

나. 주당 노동시간 지정 및 노동자에게 주차와 연차 유급 휴가 제공

다. 생계 부양 노동자, 해고, 노동으로 인한 질병, 장애, 비상사태에 대한 특별 보상

라. 청소년 및 여성 노동에 대한 특별 조건 제정

마. 공장에 대한 보건수칙 준수

바. 법률의 테두리 내 노동조합 설립

(المادة ٢٣)

١ – العمل حق لجميع المواطنين وعلى الدولة أن توفره للأردنيين بتوجيه الاقتصاد الوطني والنهوض به.

٢ – تحمي الدولة العمل وتضع له تشريعًا يقوم على المبادىء الآتية:

أ– إعطاء العامل أجرًا يتناسب مع كمية عمله وكيفيته.

ب– تحديد ساعات العمل الأسبوعية ومنح العمال أيام راحة أسبوعية وسنوية مع الأجر.

ج– تقرير تعويض خاص للعمال المعيلين، وفي أحوال التسريح والعجز والطوارىء الناشئة عن العمل.

د– تعيين الشروط الخاصة بعمل النساء والأحداث.

هـ– خضوع المعامل للقواعد الصحية.

و– تنظيم نقابي حر ضمن حدود القانون.

제3장
권한 총칙

제24조

1. 움마(국가)는 권한의 원천이다.

2. 움마는 이 헌법에 명시된 바에 따라 권한을 행사한다.

제25조

입법권은 움마의회(국회)와 국왕에게 있고, 움마의회는 상원의회와 하원의회로 구성된다.

제26조

행정권은 국왕에게 있고, 이 헌법 규정에 따라 장관을 통해 행사된다.

الفصل الثالث
السلطات أحكام عامة

(المادة ٢٤)

١ – الأمة مصدر السلطات.

٢ – تمارس الأمة سلطاتها على الوجه المبين في هذا الدستور.

(المادة ٢٥)

تناط السلطة التشريعية بمجلس الأمة والملك ويتألف مجلس الأمة من مجلسي الأعيان والنواب.

(المادة ٢٦)

تناط السلطة التنفيذية بالملك ويتولاها بواسطة وزرائه وفق أحكام هذا الدستور.

제27조

사법권은 여러 종류 및 심급 법원들이 행사하고, 모든 판결은 법률에 따라 국왕의 이름으로 공포된다.[13]

(المادة ٢٧)

السلطة القضائية تتولاها المحاكم على اختلاف أنواعها
ودرجاتها وتصدر جميع الأحكام وفق القانون باسم
الملك.

제4장
행정권

제1절
국왕과 권리

제28조

요르단 하심 왕국의 왕위는 압둘라 븐 알후세인 국왕의 가족 내에서 세습되고,[14] 왕위 세습은 생존 자녀들 가운데 아들에게 다음 규정에 따라 이루어진다.

가. 왕위는 왕좌의 소유자(국왕)에게서 연령상 장남에게로, 그 다음 그의 장남에게로 단계에서 단계로 양위된다. 국왕이 왕위를 계승하기 전에 장남이 사망할 경우 왕위는 그(사망한 장남)의 장남에게로 양위된다. 다만 국왕은 사망한 이에게 형제가 있는 경우 생존하는 그의 형제 중 한 명을 왕세자로 책봉할 수도 있다. 이 경우 왕위는 왕좌의

الفصل الرابع
السلطة التنفيذية

القسم الأول
الملك وحقوقه

(المادة ٢٨)

عرش المملكة الأردنية الهاشمية وراثي في أسرة الملك عبد الله بن الحسين، وتكون وراثة العرش في الذكور من أولاد الظهور وفق الأحكام التالية:

أ- تنتقل ولاية الملك من صاحب العرش إلى أكبر أبنائه سنًا إلى أكبر أبناء ذلك الابن الأكبر، وهكذا طبقة بعد طبقة، وإذا توفي أكبر الأبناء قبل أن ينتقل إليه الملك كانت الولاية إلى أكبر أبنائه ولو كان للمتوفى إخوة، على أن يجوز للملك أن يختار أحد إخوته الذكور وليًا للعهد وفي هذه الحالة تنتقل ولاية

소유자에게서 그에게로 양위된다.

나. 왕위 상속자가 없으면 왕위는 그(국왕)의 형제 중 최연장자에게 즉각 양위되고, 형제가 (사망하고) 없을 시에는 그의 형제 중 최 연장자의 장남에게 양위된다. 그의 형제 중 최연장자에게 아들이 없을 시에는 나이 서열에 따라 다른 형제의 장남에게 양위된다.

다. 형제 및 형제의 자녀(조카)가 없을 시에 왕위는 나항에 규정된 순서에 따라 삼촌과 그의 자손에게 양위된다.

라. 국왕이 언급된 방식에 의한 계승자가 없이 사망할 경우, 움마의회가 아랍 부흥의 설립자인 고(故) 후세인 븐 알리 국왕의 후손 중에서 선출한 이에게 왕위가 돌아간다.

마. 왕위를 계승하는 이는 무슬림 부모로부터, 합법적 아내(어머니)[15]로부터 태어난 건전한 무슬림이어야 한다.

바. 부적합의 이유로 칙령에 따라 왕위 계승으로부터 제외된 이들은 어느 누구도 왕위를 계승할 수 없으나, 그의 자손은 제외에 포함되지 않는다. 칙령은 총리와 장관 최소네 명의 서명을 조건으로 하고 그들 가운데 내무부 장관과

الملك من صاحب العرش إليه.

ب– إذا لم يكن لمن له ولاية الملك عقب تنتقل إلى أكبر إخوته وإذا لم يكن له إخوة فإلى أكبر أبناء أكبر إخوته فإن لم يكن لأكبر أخوته ابن فإلى أكبر أبناء إخوته الآخرين بحسب ترتيب سن الأخوة.

ج– في حالة فقدان الأخوة وأبناء الأخوة تنتقل ولاية الملك إلى الأعمام وذريتهم على الترتيب المعين في الفقرة (ب).

د– وإذا توفي آخر ملك بدون وارث على نحو ما ذكر يرجع الملك إلى من يختاره مجلس الأمة من سلالة مؤسس النهضة العربية المغفور له الملك حسين بن علي.

هـ– يشترط فيمن يتولى الملك أن يكون مسلمًا عاقلًا مولودًا من زوجة شرعية ومن أبوين مسلمين.

و– لا يعتلي العرش أحد ممن استثنوا بإرادة ملكية من الوراثة بسبب عدم لياقتهم، ولا يشمل هذا الاستثناء أعقاب ذلك الشخص ويشترط في هذه الإدارة أن تكون موقعًا عليها من رئيس الوزراء وأربعة وزراء

법무부 장관은 포함되어야 한다.

사. 국왕은 음력으로 18세가 되는 해에 성인이 되고, 18세에 이르지 못한 이에게 왕위가 계승될 시 국왕의 권한은 국왕에 의해 공포되는 칙령에 따라 임명된 후견인 및 섭정위원회에 의해 행사된다. 국왕이 후견인 및 섭정위원회를 추천하지 않고 사망할 때에는 각료회의가 후견인과 섭정위원회를 지명한다.

아. 국왕이 질병으로 권한을 행사할 수 없게 될 경우 대리인 또는 대리기관이 권한을 행사하고, 국왕은 칙령에 따라 대리인이나 대리기관을 임명한다. 국왕이 임명을 할 수 없을 때에는 각료회의가 이를 수행한다.

자. 국왕은 출국할 경우 출국 이전에 부재 기간 동안의 권한 행사를 위한 대리인 및 대리기관을 칙령으로 임명하고, 대리인 및 대리기관은 칙령에 포함되어 있는 규칙을 준수하여야 하며, 국왕의 부재가 4개월 이상 연장되고 움마의회가 소집되지 않았을 경우 움마의회는 즉각 소집되어 이 사안을 다룬다.

على الأقل بينهم وزيرا الداخلية والعدلية.

ز – يبلغ الملك سن الرشد متى أتم ثماني عشرة سنة قمرية من عمره فإذا انتقل العرش إلى من دون هذه السن يمارس صلاحيات الملك الوصي أو مجلس الوصاية الذي يكون قد عين بإرادة ملكية سامية صادرة من الجالس على العرش، وإذا توفي دون أن يوصي يقوم مجلس الوزراء بتعيين الوصي أو مجلس الوصاية.

ح – إذا أصبح الملك غير قادر على تولي سلطته بسبب مرضه فيمارس صلاحياته نائب أو هيئة نيابة ويعين النائب العام أو هيئة النيابة بإرادة ملكية وعندما يكون الملك غير قادر على إجراء هذا التعيين يقوم به مجلس الوزراء.

ط – إذا أعتزم الملك مغادرة البلاد فيعين قبل مغادرته بإرادة ملكية نائبًا أو هيئة نيابة لممارسة صلاحياته مدة غيابه وعلى النائب أو هيئة النيابة أن تراعي أية شروط قد تشتمل عليها تلك الإرادة وإذا أمتد غياب الملك أكثر من أربعة أشهر ولم يكن مجلس الأمة مجتمعًا

차. 후견인, 대리인, 섭정위원회 및 대리기관의 위원은 국왕의 직무를 수행하기 전에 각료회의 앞에서 이 헌법 제29조에 명시된 선서를 한다.

카. 후견인, 대리인, 섭정위원회 또는 대리기관의 위원이 사망하거나 직무나 직책을 수행할 수 없는 경우, 각료회의는 임무를 맡기에 적합한 인물을 임명한다.

타. 후견인, 대리인, 섭정위원회 및 대리기관 위원의 나이는 음력으로 30세 이상이어야 한다. 그러나 국왕의 친척 중 음력으로 만 18세가 된 남성을 임명할 수 있다.

파. 국왕이 정신 질환으로 인하여 통치가 불가능할 경우 각료회의는 질환이 증명된 후에 즉각 회의를 소집한다. 그(국왕)의 질병이 확실히 증명될 경우, 움마의회는 왕위 종료를 결정하고 헌법에 따라 왕위는 그 다음 권리 소유자에게 양위된다. 그 때에 하원의회가 해산되어 있거나 기간이 종료되고 새로운 의회의 선출이 이루어지지 않았을 경우, 이전 하원의회가 이 목적을 위하여 소집된다.

يدعى حالًا إلى الاجتماع لينظر في الأمر.

ي- قبل أن يتولى الوصي أو النائب أو عضو مجلس الوصاية أو هيئة النيابة عمله يقسم اليمين المنصوص عليها في المادة (٢٩) من هذا الدستور أمام مجلس الوزراء.

ك- إذا توفي الوصي أو النائب أو أحد أعضاء مجلس الوصاية أو هيئة النيابة أو أصبح غير قادر على القيام بمهام وظيفته فيعين مجلس الوزراء شخصًا لائقًا ليقوم مقامه.

ل- يشترط أن لا تكون سن الوصي أو نائب الملك أو أحد أعضاء مجلس الوصاية أو هيئة نيابة أقل من (٣٠) سنة قمرية غير أنه يجوز تعيين أحد الذكور من أقرباء الملك إذا كان قد أكمل ثماني عشرة سنة قمرية من عمره.

م- إذا تعذر الحكم على من له ولاية الملك بسبب مرض عقلي فعلى مجلس الوزراء بعد التثبيت من ذلك أن يدعو مجلس الأمة في الحال إلى الاجتماع، فإذا ثبت قيام ذلك المرض بصورة قاطعة قرر مجلس الأمة انتهاء

제29조

국왕은 즉위 직후 상원의회 의장의 주관 하에 움마의회 앞에서 헌법을 수호하고 국가에 충성할 것을 맹세한다.

제30조

국왕은 국가의 원수(수반)이고, 모든 책무와 책임으로부터 보호된다.

제31조

국왕은 법률을 비준하고 이를 공포하며 해당 법률 집행을 위해 필요한 규정을 제정하도록 명령할 수 있다. 다만 그

ولاية ملكه فتنتقل إلى صاحب الحق فيها من بعده وفق أحكام الدستور وإذا كان عندئذ مجلس النواب منحلًا أو انتهت مدته و لم يتم انتخاب المجلس الجديد فيدعى إلى الاجتماع لهذا الغرض مجلس النواب السابق.

(المادة ٢٩)

يقسم الملك أثر تبوئه العرش أمام مجلس الأمة الذي يلتئم برئاسة رئيس مجلس الأعيان أن يحافظ على الدستور وأن يخلص للأمة.

(المادة ٣٠)

الملك هو رأس الدولة وهو مصون من كل تبعه ومسؤولية.

(المادة ٣١)

الملك يصدق على القوانين ويصدرها ويأمر بوضع الأنظمة اللازمة لتنفيذها بشرط أن لا تتضمن ما

러한 규정들이 상기 법률 조항에 위배되지 않아야 한다.

제32조

국왕은 육군 · 해군 · 공군[16]의 최고사령관이다.

제33조

1. 국왕은 전쟁을 선포하고 평화협정을 체결하며 조약 및 협정을 비준한다.

2. 국고의 지출, 요르단 국민의 공민권 및 사권의 침해가 포함되는 조약과 협정은 움마의회가 비준하지 않으면 효력이 없고, 어떤 형태로든 공개 조건을 위반하는 조약이나 협정에 대한 비밀 조건은 허용되지 않는다.

제34조

1. 국왕은 법률에 따라 하원의회의 선거 시행 명령을 공포한다.

يخالف أحكامها.

(المادة ٣٢)

الملك هو القائد الأعلى للقوات البرية والبحرية والجوية.

(المادة ٣٣)

١ – الملك هو الذي يعلن الحرب ويعقد الصلح ويبرم المعاهدات والاتفاقات.

٢ – المعاهدات والاتفاقات التي يترتب عليها تحميل خزانة الدولة شيئًا من النفقات أو مساس في حقوق الأردنيين العامة أو الخاصة لا تكون نافذة إلا أذا وافق عليها مجلس الأمة، ولا يجوز في أي حال أن تكون الشروط السرية في معاهدة أو اتفاق ما مناقضة للشروط العلنية.

(المادة ٣٤)

١ – الملك هو الذي يصدر الأوامر بإجراء الانتخابات لمجلس النواب وفق أحكام القانون.

2. 국왕은 헌법에 따라 움마의회를 소집하고 개회 · 연기 · 정회할 수 있다.

3. 국왕은 하원의회를 해산할 수 있다.

4. 국왕은 상원의회를 해산하거나 상원의회 의원을 해임할 수 있다.

제35조

국왕은 총리를 임면하고 사임을 수리할 수 있으며, 총리의 제안에 따라 장관을 임면하고 사임을 수리할 수 있다.

제36조

국왕은 상원의회 의원을 임명하고, 그들 중에서 의장을 임명하며 그들의 사임을 수리할 수 있다.

제37조

1. 국왕은 민간 및 군 직급, 훈장, 기타 명예 작위를 제

٢- الملك يدعو مجلس الأمة إلى الاجتماع ويفتتحه ويؤجله ويفضه وفق أحكام الدستور.

٣- للملك أن يحل مجلس النواب.

٤- للملك أن يحل مجلس الأعيان أو يعفى أحد أعضائه من العضوية.

(المادة ٣٥)

الملك يعين رئيس الوزراء ويقيله ويقبل استقالته ويعين الوزراء ويقيلهم ويقبل استقالتهم بناء على تنسيب رئيس الوزراء.

(المادة ٣٦)

الملك يعين أعضاء مجلس الأعيان ويعين من بينهم رئيس مجلس الأعيان ويقبل استقالتهم.

(المادة ٣٧)

١- الملك ينشىء ويمنح ويسترد الرتب المدنية

정·수여·취하할 수 있다. 또한 국왕은 특별법으로 이 권한을 타인에게 위임할 수 있다.

2. 통화[17]는 법률이 정하는 바에 따라 국왕의 이름으로 주조된다.

제38조

국왕은 특별사면 및 감형의 권한을 가지고, 일반사면은 특별법으로 정한다.

제39조

사형 판결은 국왕의 비준 없이는 집행되지 않는다. 각료회의는 모든 사형 판결을 각료회의의 의견과 함께 국왕에게 보고하여야 한다.

제40조

1. 본 조의 제2항 규정을 고려하여 국왕은 칙령에 따라 권한을 행사하고, 칙령은 총리와 함께 장관 또는 해당 장관

والعسكرية والأوسمة وألقاب الشرف الأخرى وله أن يفوض هذه السلطة إلى غيره بقانون خاص.

٢ – تضرب العملة باسم الملك تنفيذًا للقانون.

(المادة ٣٨)

للملك حق العفو الخاص وتخفيض العقوبة، وأما العفو العام فيقرر بقانون خاص.

(المادة ٣٩)

لا ينفذ حكم الإعدام إلا بعد تصديق الملك وكل حكم من هذا القبيل يعرضه عليه مجلس الوزراء مشفوعًا ببيان رأيه فيه.

(المادة ٤٠)

١ – مع مراعاة أحكام الفقرة (٢) من هذه المادة يمارس الملك صلاحياته بإرادة ملكية وتكون الإرادة

이 서명하여야 한다. 국왕은 서명의 상단에 서명하여 자신이 비준하였음을 표명한다.

2. 본 조의 제1항에도 불구하고 국왕은 다음의 경우 총리와 장관 또는 해당 장관의 서명 없이 칙령에 따라 권한을 행사한다.

가. 왕세자 책봉(선출)

나. 부왕 임명

다. 상원의회 의장 및 의원 임명, 상원의회의 해산과 의원의 사임 및 면직 수리

라. 사법위원회 위원장의 임명과 사임 수리

마. 헌법재판소장 및 재판관의 임명과 사임 수리

바. 군사령관, 정보국장, 국가헌병대장의 임명과 업무 중지

الملكية موقعة من رئيس الوزراء والوزير أو الوزراء المختصين يبدي الملك موافقته بتثبيت توقيعه فوق التواقيع المذكورة.

٢- يمارس الملك صلاحياته بإرادة ملكية دون توقيع من رئيس الوزراء والوزير أو الوزراء المختصين في الحالات التالية:

أ- اختيار ولي العهد.

ب- تعيين نائب الملك.

ج- تعيين رئيس مجلس الأعيان وأعضائه وحل المجلس وقبول استقالة أو إعفاء أي من أعضائه من العضوية.

د- تعيين رئيس المجلس القضائي وقبول استقالته.

هـ- تعيين رئيس المحكمة الدستورية وأعضائها وقبول استقالاتهم.

و- تعيين قائد الجيش ومدير المخابرات ومدير الدرك وإنهاء خدماتهم.

제2절
장관

제41조

각료회의는 의장인 총리와 필요와 공익에 따른 다수의 장관으로 구성된다.[18]

제42조

요르단 국민만이 장관직 및 이를 관리하는 직에 임명될 수 있다.

제43조

총리와 장관은 직무 수행 전에 국왕 앞에서 다음의 선서를 한다. "나는 국왕에게 충성하고, 움마를 위해 봉사하며, 위임된 의무를 성실히 수행할 것을 위대하신 알라께 맹세합니다."

القسم الثاني
الوزراء

(المادة ٤١)

يؤلف مجلس الوزراء من رئيس الوزراء رئيسًا ومن عدد من الوزراء حسب الحاجة والمصلحة العامة.

(المادة ٤٢)

لا يلي منصب الوزارة وما في حكمها إلا أردني.

(المادة ٤٣)

على رئيس الوزراء والوزراء قبل مباشرتهم أعمالهم أن يقسموا أمام الملك اليمين التالية: "أقسم بالله العظيم أن أكون مخلصًا للملك وأن أخدم الأمة وأقوم بالواجبات الموكولة إلي بأمانة."

제44조

장관은 정부 재산을 매입하거나 임차할 수 없고, 이는 경매를 통하더라도 허용되지 아니한다. 또한 장관 재직 중에 회사의 이사회 임원이 될 수 없고, 어떠한 상업 및 금융 업무에 동참할 수 없으며, 어떤 회사로부터 급여를 받는 것도 허용되지 않는다.

제45조

1. 각료회의는 헌법이나 기타 법률에 의하여 어떤 사람이나 기관에 위임되었거나 위임되는 업무를 제외하고 국내·외의 모든 사안을 관장한다.
2. 총리, 장관, 각료회의의 권한은 각료회의가 제정하고 국왕이 승인한 법률로 정한다.

(المادة ٤٤)

لا يجوز للوزير أن يشتري أو يستأجر شيئًا من أملاك الحكومة ولو كان ذلك في المزاد العلني كما لا يجوز له أثناء وزارته أن يكون عضوًا في مجلس إدارة شركة ما، أو أن يشترك في أي عمل تجاري أو مالي أو أن يتقاضى راتبًا من أية شركة.

(المادة ٤٥)

١ - يتولى مجلس الوزراء مسؤولية إدارة جميع شؤون الدولة الداخلية الخارجية باستثناء ما قد عهد أو يعهد به من تلك الشؤون بموجب هذا الدستور أو أي تشريع آخر إلى أي شخص أو هيئة أخرى.

٢ - تعين صلاحيات رئيس الوزراء والوزراء ومجلس الوزراء بأنظمة يضعها مجلس الوزراء ويصدق عليها الملك.

제46조

장관에게는 임명 칙령에 언급된 바에 따라 하나 또는 그 이상 부처의 직무가 위임될 수 있다.

제47조

1. 장관은 부처와 관련된 모든 업무에 대한 책임을 지고, 권한 밖의 사안에 대한 책임은 총리에게 있다.
2. 총리는 권한 내에 있는 업무를 수행하고, 그 외 사안은 필요한 결정을 하기 위해 각료회의에 회부한다.

제48조

총리와 장관은 각료회의의 결정에 서명하여야 하고, 이 결정이 헌법이나 법률에 의하여 승인이 필요한 경우에는 국왕에게 상정하여야 한다. 또한 총리와 장관은 권한 내에서 이 결정을 집행한다.

(المادة ٤٦)

يجوز أن يعهد إلى الوزير بمهام وزارة أو أكثر حسب ما يذكر في مرسوم التعيين.

(المادة ٤٧)

١ – الوزير مسئول عن إدارة جميع الشؤون المتعلقة بوزارته وعليه أن على رئيس الوزراء أية مسألة خارجة عن اختصاصه.

٢ – يتصرف رئيس الوزراء بما هو ضمن صلاحياته واختصاصاته ويحيل الأمور الأخرى على مجلس الوزراء لاتخاذ القرارات اللازمة بشأنها.

(المادة ٤٨)

يوقع رئيس الوزراء والوزراء قرارات مجلس الوزراء وترفع هذه القرارات إلى الملك للتصديق عليها في الأحوال التي ينص هذا الدستور أو أي قانون أو نظام وضع بمقتضاه على وجوب ذلك وينفذ هذه القرارات

제49조

국왕의 구두 및 서면 명령에 대해 장관은 책임을 져야만
한다.

제50조

1. 총리가 사퇴하거나 해임되면 모든 장관은 자동적으로
사임한 것으로 간주된다.

2. 총리가 사망한 경우 내각은 상황에 따라 새 내각이 구성
될 때까지 부총리나 선임 장관의 통솔 하에 지속된다.

제51조

총리와 장관은 하원의회에서 국가의 공공정책에 대한 공
동 책임을 지고, 모든 장관은 하원의회에서 해당 부처 업
무에 대한 책임을 진다.

رئيس الوزراء والوزراء كل في حدود اختصاصه.

(المادة ٤٩)

أوامر الملك الشفوية أو الخطية لا تخلي الوزراء من مسؤوليتهم.

(المادة ٥٠)

١ – عند استقالة رئيس الوزراء أو إقالته يعتبر جميع الوزراء مستقيلين حكمًا.

٢ – في حال وفاة رئيس الوزراء تستمر الوزارة برئاسة نائب رئيس الوزراء او الوزير الأقدم حسب مقتضى الحال ولحين تشكيل وزارة جديدة.

(المادة ٥١)

رئيس الوزراء والوزراء مسئولون أمام مجلس النواب مسؤولية مشتركة عن السياسة العامة للدولة كما أن كل وزير مسئول أمام مجلس النواب عن أعمال وزارته.

제52조

상원의회나 하원의회의 일원인 총리나 장관에게는 자신이 소속된 의회에서의 투표권이 있고 두 의회 모두에서 발언권이 있다. 상·하원의 어느 쪽에도 소속되지 않은 장관은 투표권은 없으나 두 의회에서 발언할 권리가 있다. 장관이나 그의 대리인이 두 의회에서 발언할 때에 다른 의원들보다 우선권을 갖는다. 급여를 받는 장관은 두 의회 어디에서도 동시에 의원 수당을 받을 수 없다.

제53조

1. 내각이나 부처 장관에 대한 신임위원회는 총리의 요청이나 하원의회 의원 최소 10명 이상의 서명 요구에 따라 개최된다.

2. 신임 투표는 해당 장관이나 내각위원회가 요청할 시에 10일을 초과하지 않는 기간 동안 한 차례 연기할 수 있고, 하원의회는 이 기간 동안 해산되지 않는다.

(المادة ٥٢)

لرئيس الوزراء أو للوزير الذي يكون عضوًا في أحد مجلسي الأعيان والنواب حق التصويت في مجلسه و حق الكلام في كلا المجلسين، أما الوزراء الذين ليسوا من أعضاء أحد المجلسين فلهم أن يتكلموا فيهما دون أن يكون لهم حق التصويت وللوزراء أو من ينوب عنهم حق التقدم على سائر الأعضاء في مخاطبة المجلسين والوزير الذي يتقاضى راتب الوزارة لا يتقاضى في الوقت نفسه مخصصات العضوية في أي من المجلسين.

(المادة ٥٣)

١ – تعقد جلسة الثقة بالوزارة أو بأي وزير منها أما بناء على طلب رئيس الوزراء وأما بناء على طلب موقع من عدد لا يقل عن عشرة أعضاء من مجلس النواب.

٢ – يؤجل الاقتراع على الثقة لمرة واحدة لا تتجاوز مدتها عشرة أيام إذا طلب ذلك الوزير المختص أو هيئة الوزارة ولا يحل المجلس خلال هذه المدة.

3. 구성되는 모든 내각은 하원의회가 개회할 경우 내각 구성일로부터 한 달 이내에 하원의회에 보고서를 제출하고 이 보고서에 대한 신임을 요청해야 한다.

4. 하원의회가 개회하지 않을 경우 임시회 개회가 소집되어야 하고, 내각은 구성된 날부터 한 달 이내에 내각 보고서를 제출하며 이 보고서에 대한 신임을 요청해야 한다.

5. 하원의회가 해산되었을 경우, 내각은 내각 보고서를 제출하고 새 하원의회 소집으로부터 한 달 이내에 이 보고서에 대한 신임을 요청해야 한다.

6. 본 조 제3, 4, 5항의 경우 하원의회 의원 절대 다수가 내각에게 찬성한 경우 그 내각은 신임을 받는다.

제54조

1. 내각이나 장관에 대한 신임은 하원의회에서 한다.

٣- يترتب على كل وزارة تؤلف أن تتقدم ببياتها الوزاري إلى مجلس النواب خلال شهر واحد من تاريخ تاليفها إذا كان المجلس منعقدًا وأن تطلب الثقة على ذلك البيان.

٤- إذا كان مجلس النواب غير منعقد يدعى للانعقاد لدورة استثنائية وعلى الوزارة أن تتقدم ببياتها الوزاري وأن تطلب الثقة على ذلك البيان خلال شهر من تاريخ تأليفها.

٥- إذا كان مجلس النواب منحلاً فعلى الوزارة أن تتقدم ببياتها الوزاري وان تطلب الثقة على ذلك البيان خلال شهر من تاريخ اجتماع المجلس الجديد.

٦- لأغراض الفقرات (٣) و(٤) و(٥) من هذه المادة تحصل الوزارة على الثقة إذا صوتت لصالحها الأغلبية المطلقة من أعضاء مجلس النواب.

(المادة ٥٤)

١- تطرح الثقة بالوزارة أو بأحد الوزراء أمام مجلس

2. 하원의회가 의원 절대 다수로 내각의 불신임을 결정하면 내각은 해산하여야 한다.
3. 불신임 결의가 특정 장관을 대상으로 한 경우, 그는 장관직을 사임하여야 한다.

제55조

장관은 직무 수행과 관련된 범죄에 대하여 법률에 따라 수도에 소재한 고등법원에서 재판을 받는다.

제56조

하원의회는 정당한 사유를 소명하여 장관을 검찰에 이송할 권리를 가지며, 이송에 관한 결정은 하원의회 의원 다수의 동의로 한다.

النواب.

٢ - إذا قرر المجلس عدم الثقة بالوزارة بالأكثرية المطلقة من مجموع عدد أعضائه وجب عليها أن تستقيل.

٣ - وإذا كان قرار عدم الثقة خاصًا بأحد الوزراء وجب عليه اعتزال منصبه.

(المادة ٥٥)

يحاكم الوزراء على ما ينسب إليهم من جرائم ناتجة عن تأدية وظائفهم أمام المحاكم النظامية المختصة في العاصمة، وفقًا لأحكام القانون.

(المادة ٥٦)

لمجلس النواب حق إحالة الوزراء إلى النيابة العامة مع إبداء الأسباب المبررة لذلك ولا يصدر قرار الإحالة إلا بأغلبية الأعضاء الذين يتألف منهم مجلس النواب.

제57조

하원의회로부터의 이송 결정에 따라 검찰이 기소하는 해당 장관의 직무는 즉시 정지되며, 그의 사임이 그에 대한 기소 및 재판의 속행을 중단할 수 없다.

(المادة ٥٧)

يوقف عن العمل الوزير الذي تتهمه النيابة العامة أثر صدور قرار الإحالة عن مجلس النواب ولا تمنع استقالته من إقامة الدعوى عليه أو الاستمرار في محاكمته.

제5장
헌법재판소

제58조

1. 헌법재판소는 법률에 의해 설치되고 본부는 수도에 둔다. 헌법재판소는 독립된 사법기관으로 간주되며, 최소 아홉 명의 재판관으로 구성된다. 국왕은 그들 중에서 소장을 임명한다.[19]

2. 헌법재판소 재판관의 임기는 6년이고 이는 갱신할 수 없다.

제59조

1. 헌법재판소는 해당 법률과 규정의 합헌성에 대한 감독 권한을 가지고, 판결은 국왕의 이름으로 공포된다. 판결은 최종적이고 모든 관할 관청 및 그 외 모두를 기속한다. 판결의 효력에 대하여 다른 날짜를 특정하지 않는 한, 즉시

الفصل الخامس
المحكمة الدستورية

(المادة ٥٨)

١ – تنشأ بقانون محكمة دستورية يكون مقرها في العاصمة وتعتبر هيئة قضائية مستقلة قائمة بذاتها، وتؤلف من تسعة أعضاء على الأقل من بينهم الرئيس يعينهم الملك.

٢ – تكون مدة العضوية في المحكمة الدستورية ست سنوات غير قابلة للتجديد.

(المادة ٥٩)

١ – تختص المحكمة الدستورية بالرقابة على دستورية القوانين والأنظمة النافذة وتصدر أحكامها باسم الملك، وتكون أحكامها نهائية وملزمة لجميع السلطات وللكافة، كما تكون أحكامها نافذة بأثر مباشر ما لم

효력이 발생한다. 헌법재판소의 판결은 공포일로부터 10일 이내에 관보에 게재된다.

2. 헌법재판소는 각료회의에 의해 공포된 결정이나 움마의 두 의회 중 어느 한 곳이 다수결로써 헌법 조항의 해석을 요청할 경우 이에 대하여 해석하여야 하며, 이에 대한 결정은 관보에 게재된 후 효력을 발생한다.

제60조

1. 다음 기관들은 제한적 범위 내에서 법률과 규정의 합헌성에 대하여 헌법재판소에 직접적으로 이의를 제기할 수 있다.

가. 상원의회

나. 하원의회

다. 각료회의

2. 소송의 양 당사자는 법원에 소송이 계속 중인 경우, 해당 법률의 위헌 여부에 대하여 심판을 청구할 수 있고, 법

يحدد الحكم تاريخًا آخر لنفاذه، وتنشر أحكام المحكمة الدستورية في الجريدة الرسمية خلال خمسة عشر يومًا من تاريخ صدورها.

٢ – للمحكمة الدستورية حق تفسير نصوص الدستور إذا طلب إليها ذلك بقرار صادر عن مجلس الوزراء أو بقرار يتخذه أحد مجلسي الأمة بالأغلبية ويكون قرارها نافذ المفعول بعد نشره في الجريدة الرسمية.

(المادة ٦٠)

١ – للجهات التالية على سبيل الحصر حق الطعن مباشرة لدى المحكمة الدستورية في دستورية القوانين والأنظمة النافذة:

أ– مجلس الأعيان

ب– مجلس النواب

ج– مجلس الوزراء

٢ – في الدعوى المنظورة أمام المحاكم يجوز لأي من أطراف الدعوى إثارة الدفع بعدم الدستورية وعلى

원은 청구의 중대성이 인정될 경우에 헌법재판소에 회부 여부를 결정하기 위하여 법률이 정하는 법원에 회부하여야 한다.

제61조

1. 헌법재판소 재판관의 자격요건은 다음과 같다.

가. 요르단 국민이고 다른 국가의 국적을 소지하지 않을 것

나. 나이가 50세 이상일 것

다. 대법원과 고등법원에서 판사로 근무하거나, 법과대학 교수(정교수)이거나, 15년 이상을 종사한 변호사이거나, 상원의회 의원의 자격요건을 충족시키는 전문가일 것

2. 헌법재판소의 소장과 재판관은 직무를 수행하기 전에 국왕 앞에서 다음과 같이 선서한다. "나는 국왕과 국가에 충성하고, 헌법을 수호하며, 움마를 위해 봉사하고, 나에게 부여된 의무를 성실히 수행할 것을 위대하신 알라께 맹세합니다."

المحكمة إن وجدت أن الدفع جدي تحيله إلى المحكمة التي يحددها القانون لغايات البت في أمر إحالته إلى المحكمة الدستورية.

(المادة ٦١)

١ – يشترط في عضو المحكمة الدستورية ما يلي:

أ– أن يكون أردنيًا ولا يحمل جنسية دولة أخرى.

ب– أن يكون قد بلغ الخمسين من العمر.

ج– أن يكون ممن خدموا قضاة في محكمتي التمييز والعدل العليا أو من أساتذة القانون في الجامعات الذين يحملون رتبة الأستاذية أو من المحامين الذين أمضوا مدة لا تقل عن خمس عشرة سنة في المحاماة ومن أحد المختصين الذين تنطبق عليهم شروط العضوية في مجلس الأعيان.

٢ – على رئيس وأعضاء المحكمة الدستورية قبل مباشرتهم أعمالهم أن يقسموا أمام الملك يمينا هذا نصها: ''أقسم بالله العظيم أن أكون مخلصا للملك

3. 헌법재판소의 행정 운영, 심판청구 방식 및 이에 따른 심리 절차·판결·결정에 관련된 모든 사항 등 헌법재판소의 운영과 관련된 사항은 법률로 정한다. 헌법재판소는 관련 법률의 시행 후에 업무를 시작하며, 재판관의 권리 및 보호는 법률로 정한다.

والوطن، وأن أحافظ على الدستور وأن أخدم الأمة
وأقوم بالواجبات الموكولة إليّ بأمانة.''

٣ – يحدد القانون طريقة عمل المحكمة وإدارتها وكيفية
الطعن أمامها وجميع الشؤون المتعلقة بها وبإجراءاتها
وبأحكامها وقراراتها، وتباشر أعمالها بعد وضع
القانون المتعلق بها موضع التنفيذ ويبين القانون حقوق
أعضائها وحصانتهم.

제6장
입법권 움마의회

제62조

움마의회는 다음 두 의회로 구성된다: 상원의회, 하원의회

제1절
상원의회

제63조

상원의회는 의장을 포함하여 하원의회 의원 수의 절반을 초과하지 않는 수로 구성된다.

الفصل السادس
السلطة التشريعية مجلس الأمة

(المادة ٦٢)
يتألف مجلس الأمة من مجلسين: مجلس الأعيان ومجلس النواب.

القسم الأول
مجلس الأعيان

(المادة ٦٣)
يتألف مجلس الأعيان بما فيه الرئيس من عدد لا يتجاوز نصف عدد مجلس النواب.

제64조

상원의회 의원은 이 헌법 제75조에 정한 조건을 충족하고 양력으로 40세에 달해야 하며, 다음 부류 중 하나에 속해야 한다: 전·현직 총리와 장관, 전직 대사 혹은 전권 공사, 의회 의장, 대법원장, 민사 항소법원장, 샤리아[20] 항소 법원장 혹은 재판관, 퇴역한 중장 혹은 이보다 상위 계급의 장교, 최소 2선 이상의 하원의원, 국가와 움마를 위한 봉사 및 업무에서 국민의 신임과 신망을 얻은 사람

제65조

1. 상원의회 의원의 임기는 4년이고 매 4년마다 임명이 갱신되며 임기가 만료되는 자는 재임명이 가능하다.
2. 상원의회 의장의 임기는 2년이고 재임명이 가능하다.

(المادة ٦٤)

يشترط في عضو مجلس الأعيان زيادة على الشروط المعينة في المادة (٧٥) من هذا الدستور أن يكون قد أتم أربعين سنة شمسية من عمره وأن يكون من إحدى الطبقات الآتية: رؤساء الوزراء والوزراء الحاليون والسابقون ومن أشغل سابقًا مناصب السفراء والوزراء المفوضين ورؤساء مجلس النواب ورؤساء وقضاة محكمة التمييز ومحاكم الاستئناف النظامية والشرعية والضباط المتقاعدون من رتبة أمير لواء فصاعدًا والنواب السابقون الذين انتخبوا للنيابة لا أقل من مرتين ومن ماثل هؤلاء من الشخصيات الحائزين على ثقة الشعب واعتماده بأعمالهم وخدماتهم للأمة والوطن.

(المادة ٦٥)

١ - مدة العضوية في مجلس الأعيان أربع سنوات ويتجدد تعيين الأعضاء كل أربع سنوات ويجوز إعادة تعيين من انتهت مدته منهم.

제66조

1. 상원의회는 하원의회 개회와 동시에 소집되고, 두 의회의 회기는 한 차례 열린다.

2. 하원의회가 해산할 경우, 상원의회의 회기는 중지된다.

제2절

하원의회

제67조

1. 하원의회는 다음과 같은 내용과 원칙을 보장하는 선거법에 따라 보통·비밀·직접 선거로 선출된 의원으로 구성된다.

٢- مدة رئيس مجلس الأعيان سنتان ويجوز إعادة
تعيينه.

(المادة ٦٦)

١- يجتمع مجلس الأعيان عند اجتماع مجلس النواب
وتكون أدوار الانعقاد واحدة للمجلسين.
٢- إذا حل مجلس النواب توقف جلسات مجلس
الأعيان.

القسم الثاني
مجلس النواب

(المادة ٦٧)

١- يتألف مجلس النواب من أعضاء منتخبين انتخابًا
عامًا سريًا ومباشرًا وفقًا لقانون للانتخاب يكفل
الأمور والمبادئ التالية:

가. 후보자가 선거 업무를 감시할 권리

나. 유권자의 의지를 유린하는 자의 처벌

다. 모든 선거 활동 단계에서의 안전

2. 의회 선거, 지방의회 선거, 총선을 관장하는 독립기관은 법률에 따라 설치되고, 각료회의는 해당 선거의 시행을 법적으로 위임 받은 기관의 요청에 따라 독립 기관에게 선거의 관리 및 감독을 위임한다.

제68조

1. 하원의회의 임기는 양력으로 4년이고 관보에 총선 결과를 발표한 날로부터 시작된다. 국왕은 칙령으로 하원의 임기를 최소 1년에서 최대 2년까지 연장할 수 있다.

2. 선거는 하원의회의 임기가 종료되기 전 4개월 이내에 실시되어야 한다. 이 기간 중에 선거가 실시되지 않을 때, 혹은 어떠한 이유로 선거가 연기되었을 때에는 기존 하원의회가 새 하원의회가 선출될 때까지 유지된다.

أ- حق المرشحين في مراقبة الأعمال الانتخابية.

ب- عقاب العابثين بإرادة الناخبين.

ج- سلامة العملية الانتخابية في مراحلها كافة.

٢- تنشأ بقانون هيئة مستقلة تدير الانتخابات النيابية والبلدية وأي انتخابات عامة وفقا لأحكام القانون، ولمجلس الوزراء تكليف الهيئة المستقلة بإدارة أي انتخابات أخرى أو الإشراف عليها بناء على طلب الجهة المخولة قانونا بإجراء تلك الانتخابات.

(المادة ٦٨)

١- مدة مجلس النواب أربع سنوات شمسية تبدأ من تاريخ إعلان نتائج الانتخاب العام في الجريدة الرسمية وللملك أن يمدد مدة المجلس بإرادة ملكية إلى مدة لا تقل عن سنة واحدة ولا تزيد على سنتين.

٢- يجب إجراء الانتخاب خلال الشهور الأربعة التي تسبق انتهاء مدة المجلس فإذا لم يكن الانتخاب قد تم عند انتهاء مدة المجلس أو تأخر بسبب من الأسباب

제69조

1. 하원의회는 정기회 시작과 더불어 의장을 선출하고, 의장의 임기는 양력으로 2년이며 재선이 가능하다.

2. 하원의회가 의장 없이 비정기회를 소집한 경우, 첫 번째 정기회 때 임기가 종료되는 임시 의장을 선출하여야 한다.

제70조

하원의회 의원은 이 헌법 제75조에서 정한 자격요건을 충족하고, 연령은 양력으로 30세에 달해야 한다.

제71조

1. 사법부는 하원의원의 자격 적법성을 판단할 권리를 가진다. 모든 유권자는 각 선거구의 항소법원에 선거구 의

يبقى المجلس قائمًا حتى يتم انتخاب المجلس الجديد.

(المادة ٦٩)

١ – ينتخب مجلس النواب في بدء الدورة العادية رئيسا له لمدة سنتين شمسيتين ويجوز إعادة انتخابه.

٢ – إذا اجتمع المجلس في دورة غير عادية و لم يكن له رئيس فينتخب المجلس رئيسًا له لمدة تنتهي في أول الدورة العادية.

(المادة ٧٠)

يشترط في عضو مجلس النواب زيادة على الشروط المعينة في المادة (٧٥) من هذا الدستور أن يكون قد أتم ثلاثين سنة شمسية من عمره.

(المادة ٧١)

١ – يختص القضاء بحق الفصل في صحة نيابة أعضاء مجلس النواب، ولكل ناخب من الدائرة الانتخابية أن

원의 자격 적법성에 대해 이의를 제기할 수 있다. 이는 선거 결과가 관보에 게재된 후 15일 이내에 하여야 한다. 판결은 이의 등록일로부터 30일 이내에 하여야 하고, 이 결정은 최종적이고 어떤 방법으로든 이의제기가 불가능하다.

2. 법원은 이의 제기에 대한 기각 또는 인용을 결정하고, 이 경우 당선된 후보의 성명을 공포한다.

3. 하원의회는 판결 공포일로부터 법원이 자격을 무효로 한 의원의 자격 무효와 당선된 의원의 성명을 공포한다.

4. 법원이 의원직을 무효로 한 의원이 의원직을 박탈당하기 전에 수행하였던 업무는 유효한 것으로 간주한다.

5. 법원이 검토한 결과, 이의가 제기된 선거구의 선거 절차가 법률과 일치하지 않는 것이 명백한 경우에는 그 선거구의 선거에 대하여 무효를 공포한다.

يقدم طعنًا إلى محكمة الاستئناف التابعة لها الدائرة الانتخابية للنائب المطعون بصحة نيابته من دائرته الانتخابية خلال خمسة عشر يومًا من تاريخ نشر نتائج الانتخابات في الجريدة الرسمية يبين فيه أسباب طعنه، وتكون قراراتها نهائية وغير قابلة لأي طريق من طرق الطعن، وتصدر أحكامها خلال ثلاثين يومًا من تاريخ تسجيل الطعن لديها.

٢ – تقضي المحكمة إما برد الطعن أو قبوله موضوعًا وفي هذه الحالة تعلن اسم النائب الفائز.

٣ – يعلن مجلس النواب بطلان نيابة النائب الذي أبطلت المحكمة نيابته واسم النائب الفائز اعتبارًا من تاريخ صدور الحكم.

٤ – تعتبر الأعمال التي قام بها العضو الذي أبطلت المحكمة نيابته قبل إبطالها صحيحة.

٥ – وإذا تبين للمحكمة نتيجة نظرها في الطعن المقدم إليها أن إجراءات الانتخاب في الدائرة التي تعلق الطعن بها لا تتفق وأحكام القانون تصدر قرارها ببطلان

제72조

하원의회 의원은 의장에게 서면으로 사임을 요청할 수 있고, 이때 의장은 의회가 사임의 가결이나 부결을 결정할 수 있도록 의회에 사임서를 제출하여야 한다.

제73조

1. 하원의회가 해산된 경우에는 해산 이후 최대 4개월 이내에 총선을 실시하고 새 의회가 비정기회를 소집하여야 한다. 이 회기는 이 헌법 제78조 규정에 따라 정기회로 간주되며, 정기회 연장 및 연기 관련 규정에 따른다.

2. 4개월 종료 시까지 선거가 실시되지 않았을 경우, 해산된 의회는 헌법적 권한을 완전히 회복하고 새 의회가 선출될 때까지 해산이 없었던 것처럼 즉시 소집되어 직무를 속행한다.

3. 비정기회는 어떠한 경우에도 9월 30일을 넘길 수 없

الانتخاب في تلك الدائرة.

(المادة ٧٢)

يجوز لأي عضو من أعضاء مجلس النواب أن يستقيل
بكتاب يقدمه إلى رئيس المجلس وعلى الرئيس أن
يعرض الاستقالة على المجلس ليقرر قبولها أو رفضها.

(المادة ٧٣)

١ – إذا حل مجلس النواب فيجب إجراء انتخاب
عام بحيث يجتمع المجلس الجديد في دورة غير عادية
بعد تاريخ الحل بأربعة أشهر على الأكثر وتعتبر هذه
الدورة كالدورة العادية وفق أحكام المادة (٧٨) من
هذا الدستور وتشملها شروط التمديد والتأجيل.
٢ – إذا لم يتم الانتخاب عند انتهاء الشهور الأربعة
يستعيد المجلس المنحل كامل سلطته الدستورية ويجتمع
فورًا كان الحل لم يكن ويستمر في أعماله إلى أن
ينتخب المجلس الجديد.

고, 의회가 10월 1일에 첫 정기회를 개회할 수 있도록 9
월 30일에 정회하여야 한다. 비정기회가 10월과 11월에
개회될 경우에는 이 회의를 하원의회의 첫 정기회로 간
주한다.

제74조

1. 하원의회가 어떤 이유로 해산할 경우, 동일한 이유로 새
의회를 해산할 수 없다.

2. 임기 중 하원의회가 해산된 정부는 해산일로부터 1주일
이내에 사퇴하여야 하며, 총리에게 차기 정부의 구성에 대
한 위임은 허용되지 않는다.

3. 선거에 입후보하고자 하는 장관은 선거일로부터 최소
60일 전에 사퇴해야 한다.

٣ – لا يجوز أن تتجاوز هذه الدورة غير العادية في أي حال يوم (٣٠) أيلول وتفض في التاريخ المذكور ليتمكن المجلس من عقد دورته العادية الأولى في أول شهر تشرين الأول، وإذا حدث أن عقدت الدورة غير العادية في شهري تشرين الأول وتشرين الثاني فتعتبر عندئذ أول دورة عادية لمجلس النواب.

(المادة ٧٤)

١ – إذا حل مجلس النواب لسبب ما، فلا يجوز حل المجلس الجديد للسبب نفسه.

٢ – الحكومة التي يحل مجلس النواب في عهدها تستقيل خلال أسبوع من تاريخ الحل، ولا يجوز تكليف رئيسها بتشكيل الحكومة التي تليها.

٣ – على الوزير الذي ينوي ترشيح نفسه للانتخابات أن يستقيل قبل ستين يومًا على الأقل من تاريخ الانتخاب.

제3절

두 의회의 포괄적 규범

제75조

1. 다음과 같은 사람은 하원의회 의원이나 상원의회 의원이 될 수 없다.

가. 요르단 국민이 아닌 자

나. 파산 선고를 받은 자 및 법적으로 복권이 되지 아니한 자

다. 금치산자로 금지가 해제되지 않은 자

라. 비정치적 범죄로 1년 이상의 징역형을 선고 받고 사면되지 않은 자

마. 정신이상자나 저능한 자[21]

바. 특별법으로 지정되는 등급에 속하는 국왕의 친척인 자

2. 상원의회와 하원의회의 의원은 재직하는 동안 정부, 공기업, 정부 또는 모든 공공단체에 의하여 운영되거나 감독을 받는 회사와 직·간접적으로 계약을 체결할 수 없다.

القسم الثالث
أحكام شاملة للمجلسين

(المادة ٧٥)

١ – لا يكون عضوًا في مجلسي الأعيان والنواب:

أ– من لم يكن أردنيا.

ب– من كان محكومًا عليه بالأفلاس ولم يستعد اعتباره قانونيًا.

ج– من كان محجورًا عليه ولم يرفع الحجر عنه.

د– من كان محكومًا عليه بالسجن مدة تزيد على سنة واحدة بجريمة غير سياسية ولم يعف عنه.

هـ– من كان مجنونًا أو معتوهًا.

و– من كان من أقارب الملك في الدرجة التي تعين بقانون خاص.

٢ – يمتنع على كل عضو من أعضاء مجلسي الأعيان والنواب أثناء مدة عضويته التعاقد مع الحكومة أو المؤسسات الرسمية العامة أو الشركات التي تملكها أو

다만 토지와 재산의 임대 계약 및 직원이 10명 이상인 회사의 주주가 되는 것은 허용된다.

3. 본 조 제 1항에 명시된 무자격 상황들 중 하나가 상원의회 의원이나 하원의회 의원의 재직 중 또는 선출 후에 발생한 경우, 본 조 제 2항을 위반한 경우에 의원직은 자동적으로 박탈되며 이에 대한 승인을 위하여 상원의회에서 국왕에게 결정문을 송부하면 그의 자리는 공석이 된다.

제76조

이 헌법 제52조 규정에 따라 상원의회 또는 하원의회의 의원직과 공직을 겸하는 것은 허용되지 아니한다. 공직은 당사자가 공적 자금으로부터 급여를 받는 모든 직을 뜻하고, 이에는 지방자치제의 부서도 포함된다. 또한 상원의회의

تسيطر عليها الحكومة أو أي مؤسسة رسمية عامة سواء كان هذا التعاقد بطريقة مباشرة أو غير مباشرة باستثناء ما كان من عقود استئجار الأراضي والأملاك ومن كان مساهمًا في شركة أعضاؤها أكثر من عشرة أشخاص.

٣ – إذا حدثت أي حالة من حالات عدم الأهلية المنصوص عليها في الفقرة (١) من هذه المادة لأي عضو من أعضاء مجلسي الأعيان والنواب أثناء عضويته أو ظهرت بعد انتخابه أو خالف أحكام الفقرة (٢) من هذه المادة تسقط عضويته حكمًا ويصبح محله شاغرا على أن يرفع القرار إذا كان صادرا من مجلس الأعيان إلى جلالة الملك لإقراره.

(المادة ٧٦)

مع مراعاة أحكام المادة (٥٢) من هذا الدستور لا يجوز الجمع بين عضوية مجلس الأعيان أو النواب وبين الوظائف العامة ويقصد بالوظائف العامة كل وظيفة يتناول صاحبها مرتبه من الأموال العامة ويشمل ذلك

의원직과 하원의회의 의원직을 겸하는 것도 허용되지 아니한다.

제77조

하원의회 해산 관련 헌법 조항에 따라 움마의회는 임기 내 매년 한 차례의 정기회를 개최한다.

제78조

1. 국왕은 매년 10월 1일 정기회 시에 움마의회 회의를 소집한다. 10월 1일이 공휴일인 경우에 휴일이 아닌 다음 첫날에 하고, 국왕은 관보에 게재되는 칙령으로 움마의회의 회의 날짜를 연기할 수 있으며 연기 기간은 두 달을 넘지 않아야 한다.

2. 움마의회가 이전 조항에 따라 회의가 소집되지 않았을 경우, 이전 조항에 따라 소집되었던 것처럼 자발적으로 회의를 갖는다.

دوائر البلديات وكذلك لا يجوز بين عضوية مجلس الأعيان ومجلس النواب.

(المادة ٧٧)

مع مراعاة ما ورد في هذا الدستور من نص يتعلق بحل مجلس النواب يعقد مجلس الأمة دورة عادية واحدة في غضون كل سنة من مدته.

(المادة ٧٨)

١ – يدعو الملك مجلس الأمة إلى الاجتماع في دورته العادية في اليوم الأول من شهر تشرين الأول من كل سنة وإذا كان اليوم المذكور عطلة رسمية ففي أول يوم يليه لا يكون عطلة رسمية على أنه يجوز للملك أن يرجئ بإرادة ملكية تنشر في الجريدة الرسمية اجتماع مجلس الأمة لتاريخ يعين في الإرادة الملكية، على أن لا تتجاوز مدة الإرجاء شهرين.

٢ – إذا لم يدع مجلس الأمة إلى الاجتماع بمقتضى

3. 움마의회의 정기회는 위의 두 조항에 따라 회의가 소집 되는 날짜에 시작된다. 국왕이 하원의회를 해산시킬 경우 를 제외하고, 정기회는 6개월 간 지속된다. 국왕은 현안 업 무의 처리를 위해 3개월을 넘지 않는 기간 동안 정기회를 연장할 수 있고, 6개월이나 또는 연장 기간이 만료될 시 국 왕은 언급된 정기회를 정회한다.

제79조

국왕은 양 의회에서 개회연설을 함으로써 움마의회의 정 기회를 개회한다. 국왕은 총리나 장관에게 개회식과 개회 연설을 대신하도록 할 수 있고, 각 의회는 답변을 포함한 제안서를 제출한다.

الفقرة السابقة فيجتمع من تلقاء نفسه كما لو كان قد دعي بموجبها.

٣ – تبدأ الدورة العادية لمجلس الأمة في التاريخ الذي يدعى فيه إلى الاجتماع وفق الفقرتين السابقتين، وتمتد هذه الدورة العادية ستة أشهر، إلا إذا حل الملك مجلس النواب قبل انقضاء تلك المدة، ويجوز للملك أن يمدد الدورة العادية مدة أخرى لا تزيد على ثلاثة أشهر لإنجاز ما قد يكون هنالك من أعمال وعند انتهاء الأشهر الستة أو أي تمديد لها يفض الملك الدورة المذكورة.

(المادة ٧٩)

يفتتح الملك الدورة العادية لمجلس الأمة بالقاء خطبة العرش في المجلسين مجتمعين، وله أن ينيب رئيس الوزراء أو أحد الوزراء ليقوم بمراسم الافتتاح والقاء خطبة العرش، ويقدم كل من المجلسين عريضة يضمنها جوابه عنها.

제80조

상원의회와 하원의회의 의원은 직무를 시작하기 전에 자신의 의회 앞에서 다음과 같이 선서를 한다. "나는 국왕과 국가에 충성하고, 헌법을 수호하며, 국가를 위해 봉사하고, 위임된 의무를 적절히 수행할 것을 위대하신 알라께 맹세합니다."

제81조

1. 국왕은 칙령으로 움마의회의 회기를 3회 연기할 수 있다. 그러나 움마의회의 회의가 제78조 1항에 따라 연기될 경우에는 2회만 연기할 수 있다. 연기 기간은 휴회기를 포함하여 각 정기회마다 2개월을 넘지 않는다. 또한 이 연기 기간은 회기의 기간을 산정하는데 포함되지 않는다.

2. 상원의회와 하원의회 각각은 필요한 경우에 자신들의 내규에 따라 회의를 연기할 수 있다.

(المادة ٨٠)

على كل عضو من أعضاء مجلسي الأعيان والنواب قبل الشروع في عمله أن يقسم أمام مجلسه يمينًا هذا نصها: "أقسم بالله العظيم أن اكون مخلصًا للملك والوطن، وأن أحافظ على الدستور وأن أخدم الأمة وأقوم بالواجبات الموكولة إلى حق القيام."

(المادة ٨١)

١ - للملك أن يؤجل بإرادة ملكية جلسات مجلس الأمة ثلاث مرات فقط وإذا كان قد أرجئ اجتماع المجلس بموجب الفقرة (١) من المادة (٧٨) فلمرتين فقط على أنه لا يجوز أن تزيد مدد التأجيلات في غضون أية دورة عادية واحدة على شهرين بما في ذلك مدة الإرجاء، ولا تدخل مدد هذه التأجيلات في حساب مدة الدورة.

٢ - يجوز لكل من مجلسي الأعيان والنواب أن يؤجل جلساته من حين إلى آخر وفق نظامه الداخلي.

제82조

1. 국왕은 공포 당시의 칙령에 명시된 사안들의 승인을 위해서 필요한 경우, 불특정 기간의 임시회 형태의 움마의회 회의를 소집할 수 있고, 임시회는 칙령으로 정회한다.

2. 국왕은 논의가 필요한 사안이 명시되어 있는 서명된 청원에 대하여는 하원의회 과반수의 요청으로 임시회에서 움마의회 회의를 소집하여야 한다.

3. 움마의회는 임시회에서 칙령에 명시된 사안 이 외에는 논의할 수 없다.

제83조

상 · 하원 의회는 각각 질서 유지와 절차 관리를 위한 내규를 정하고, 이 규정은 국왕의 승인을 받아야 한다.

(المادة ٨٢)

١ - للملك أن يدعو عند الضرورة مجلس الأمة إلى الاجتماع في دورات استثنائية ولمدة غير محدودة لكل دورة من أجل إقرار أمور معينة تبين في الإرادة الملكية عند صدور الدعوة وتفض الدورة الاستثنائية بإرادة.

٢ - يدعو الملك مجلس الأمة للاجتماع في دورات استثنائية أيضًا متى طلبت ذلك الأغلبية المطلقة لمجلس النواب بعريضة موقعة منها تبين فيها الأمور التي يراد البحث فيها.

٣ - لا يجوز لمجلس الأمة أن يبحث في أية دورة استثنائية إلا في الأمور المعينة في الإرادة الملكية التي انعقدت تلك الدورة بمقتضاها.

(المادة ٨٣)

يضع كل من المجلسين أنظمة داخلية لضبط وتنظيم إجراءاته وتعرض هذه الأنظمة على الملك للتصديق عليها.

제84조

1. 의회 구성원의 절대 다수가 회기에 참석하지 않을 때에는 회기가 적법하게 구성된 것으로 간주되지 않는다. 의원 다수가 회기에 참석하고 있는 한 회기는 적법하게 지속된다.

2. 의회의 결정은 이 헌법에서 다르게 규정하지 않는 한 의장을 제외한 출석 의원 다수결로 공포된다. 가부동수일 경우 의장이 결정권 투표를 해야만 한다.

3. 투표가 헌법과 관련된 경우나 부처나 장관의 불신임 결의와 관련된 경우에는 큰 소리로 의원들의 성명을 호명하며 투표하여야 한다.

제85조

양 의회의 회기는 공개하여야 한다. 그러나 정부나 의원 5명의 요청이 있는 경우에는 비공개 회기를 개최할 수 있다. 의회는 이에 대한 요청을 승인하거나 거부할 수 있다.

(المادة ٨٤)

١ - لا تعتبر جلسة أي من المجلسين قانونية إلا إذا حضرتها الأغلبية المطلقة لأعضاء المجلس وتستمر الجلسة قانونية ما دامت هذه الأغلبية حاضرة فيها.

٢ - تصدر قرارات كل من المجلسين بأكثرية أصوات الأعضاء الحاضرين ما عدا الرئيس إلا إذا نص هذا الدستور على خلاف ذلك وإذا تساوت الأصوات فيجب على الرئيس أن يعطي صوت الترجيح.

٣ - إذا كان التصويت متعلقًا بالدستور أو بالاقتراع على الثقة بالوزارة أو بأحد الوزراء فيجب أن تعطى الأصوات بالمناداة على الأعضاء بأسمائهم وبصوت عال.

(المادة ٨٥)

تكون جلسات كل من المجلسين علنية على أنه يجوز عقد جلسات سرية بناء على طلب من الحكومة أو طلب خمسة من الأعضاء ثم يقرر المجلس قبول الطلب

제86조

1. 상·하원 의원은 구금이나 재판에 대하여 다수결로써 동의한 경우 및 형사범죄의 현행범으로 체포되었을 때를 제외하고는 회기 중 구금되거나 재판을 받지 아니한다. 의원이 이런 방식으로 체포될 때에는 의회에 이를 즉시 통보하여야 한다.

2. 움마의회가 개회되지 않는 기간에 어떤 의원이 구금이 되면 총리는 이를 알게 된 즉시 해당 의원이 속한 의회에 필요한 설명과 함께 이를 통보하여야 한다.

제87조

상·하원 의원은 소속된 의회의 내규 내에서 발언과 의견을 표명할 자유가 있고, 회기 중에 행한 발언과 의견 또는

الواقع أو رفضه.

(المادة ٨٦)

١ - لا يوقف أحد أعضاء بحلسي الأعيان والنواب
ولا يحاكم خلال مدة اجتماع المجلس ما لم يصدر من
المجلس الذي هو منتسب إليه قرار بالأكثرية المطلقة
بوجود سبب كاف لتوقيفه أو لمحاكمته أو ما لم يقبض
عليه في حالة التلبس بجريمة جنائية وفي حالة القبض
عليه بهذه الصورة يجب إعلام المجلس بذلك فورًا.

٢ - إذا أوقف عضو لسبب ما خلال المدة التي لا
يكون بحلس الأمة مجتمعًا فيها فعلى رئيس الوزراء أن
يبلغ المجلس المنتسب إليه ذلك العضو عند اجتماعه
الإجراءات المتخذة مشفوعة بالإيضاح اللازم.

(المادة ٨٧)

لكل عضو من أعضاء بحلسي الأعيان والنواب ملء
الحرية في التكلم وإبداء الرأي في حدود النظام الداخلي

어떠한 투표에 대하여 책임을 지지 아니한다.

제88조

의원의 자격을 무효로 하는 판결이 있는 경우를 제외하고, 상·하원 의원이 사망 또는 사임하거나 그 외의 이유로 공석이 되면 해당 의회는 정부나 선거관리위원회에 이를 통보하여야 한다. 하원의 경우 의석 공석으로부터 30일 이내에 통보하여야 한다. 상원의 경우에는 임명을 통하여, 하원의 경우에는 선거법에 따라 충원된다. 이는 의회에 통지한 날로부터 2개월 이내에 이루어지며, 새 의원의 임기는 의회의 임기 말까지이다.

제89조

1. 상·하원의회가 이 헌법 제29조, 제34조, 제79조, 제92

للمجلس الذي هو منتسب إليه ولا يجوز مؤاخذة العضو بسبب أي تصويت أو رأي يبديه أو خطاب يلقيه في أثناء جلسات المجلس.

(المادة ٨٨)

إذا شغر محل أحد أعضاء مجلسي الأعيان والنواب بالوفاة أو الاستقالة أو غير ذلك من الأسباب باستثناء من صدر بحقه قرار قضائي بإبطال صحة نيابته فعلى المجلس المعني إشعار الحكومة أو الهيئة المستقلة للانتخاب إذا كان نائبًا بذلك خلال ثلاثين يوما من شغور محل العضو ويملأ محله بطريق التعيين إذا كان عينًا أو وفق أحكام قانون الانتخاب إذا كان نائبًا، وذلك في مدى شهرين من تاريخ إشعار المجلس بشغور المحل وتدوم عضوية العضو الجديد إلى نهاية مدة المجلس.

(المادة ٨٩)

١- بالإضافة إلى الأحوال التي يجتمع فيها مجلسا

조에 따라 회의를 개최하는 경우 이외에는 총리의 요청에 따라 공동 회의를 개최한다.

2. 두 의회가 공동으로 회의를 할 때는 상원의회 의장이 의장을 맡는다.

3. 공동 회의를 하는 두 의회의 회기는 양 의회의 절대 다수가 출석하지 않으면 합법적인 것으로 간주되지 않고, 결의안은 의장을 제외한 출석 의원의 다수결 투표로 공포된다. 가부동수일 경우 의장이 결정권 투표를 해야만 한다.

제90조

상·하원의회의 어느 의원도 소속 의회의 결정이 아니고서는 의원직에서 해임되지 아니한다. 이 헌법과 선거법에 명시된 겸직 금지 및 자격 박탈에 의한 경우가 아니라면, 의원 3분의 2의 다수결에 의해서만 의원의 해임을 결정할 수 있다. 상원의원을 해임하기 위해서는 국왕에게 결의안

الأعيان والنواب بحكم المواد (٢٩) و(٣٤) و(٧٩) و(٩٢) من هذا الدستور فاهما يجتمعان معًا بناء على طلب رئيس الوزراء.

٢- عندما يجتمع المجلسان معًا يتولى الرئاسة رئيس مجلس الأعيان.

٣- لا تعتبر جلسات المجلسين مجتمعين قانونية إلا بحضور الأغلبية المطلقة لأعضاء كل من المجلسين وتصدر القرارات بأغلبية أصوات الحاضرين ما عدا الرئيس الذي عليه أن يعطي صوت الترجيح عند تساوي الأصوات.

(المادة ٩٠)

لا يجوز فصل أحد من عضوية أي من مجلسي الأعيان والنواب إلا بقرار صادر من المجلس الذي هو منتسب إليه، ويشترط في غير حالتي عدم الجمع والسقوط المبينتين في هذا الدستور وبقانون الانتخاب أن يصدر قرار الفصل بأكثرية ثلثي الأعضاء الذين يتألف منهم

을 제출하여 승인을 얻어야 한다.

제91조

총리는 모든 법안을 하원의회에 회부하여야 하고, 하원은 모든 법안에 대하여 승인, 수정, 거부할 수 있다. 모든 법안은 상원의회에 상정된다. 법률은 양 의회의 승인과 국왕의 비준 없이는 공포되지 아니한다.

제92조

양 의회 중 한 의회가 법안을 2회 거부하고 다른 의회가 수정되거나 수정되지 않은 법안을 승인할 경우, 상원의회 의장이 주관하는 양원 공동 회의에서 논쟁 중인 조항을 검토한다. 법안이 승인되기 위해서는 출석 의원 3분의 2의 다수결로써 의회의 공동 결의안으로 공포하여야 한다. 법안이 상기 명시된 방식으로 거부될 경우, 동일 회기에 다시 제출할 수 없다.

المجلس وإذا كان الفصل يتعلق بعضو من مجلس الأعيان فيرفع قرار المجلس إلى الملك لإقراره.

(المادة ٩١)

يعرض رئيس الوزراء مشروع كل قانون على مجلس النواب الذي له حق قبول المشروع أو تعديله أو رفضه وفي جميع الحالات يرفع المشروع إلى مجلس الأعيان ولا يصدر قانون إلا إذا أقره المجلسان وصدق عليه الملك.

(المادة ٩٢)

إذا رفض أحد المجلسين مشروع أي قانون مرتين وقبله المجلس الآخر معدلا أو غير معدل يجتمع المجلسان في جلسة مشتركة برئاسة رئيس مجلس الأعيان لبحث المواد المختلف فيها ويشترط لقبول المشروع أن يصدر قرار المجلس المشترك بأكثرية ثلثي الأعضاء الحاضرين وعندما يرفض المشروع بالصورة المبينة آنفًا لا يقدم مرة ثانية إلى المجلس في الدورة نفسها.

제93조

1. 상·하원 양 의회가 승인한 모든 법안은 비준을 위해 국왕에게 상정되어야 한다.

2. 법률은 국왕이 공포하고 관보에 이를 게재한 후 30일이 경과한 후에 효력이 발생한다. 다만 효력 발생일을 달리 정하는 경우에는 그러하지 아니한다.

3. 국왕이 법률을 비준하지 않을 경우에는 법안이 제출된 날로부터 6개월 이내에 이유를 명시하여 의회로 환부하여야 한다.

4. 헌법을 제외한 법안이 의회로 환부된 후, 상·하원의회가 재적 의원 3분의 2의 동의로 이 법안을 다시 승인할 경우에 이 법안은 공포되어야 한다. 그리고 재 승인된 법안이 본 조 제3항에 정해진 기간 내에 비준되지 않을 경우에는 이 조항에 따라서 효력이 발생하고 비준된 것으로 간주된다. 법안이 재적 의원 3분의 2 이상의 동의를 얻지 못하면 동일 회기 동안에는 이를 재심의할 수 없다. 그러나 움마의회는 상기 법안을 다음 정기회에서 재심의할 수 있다.

(المادة ٩٣)

١ - كل مشروع قانون أقره مجلسا الأعيان والنواب يرفع إلى الملك للتصديق عليه.

٢ - يسري مفعول القانون بإصداره من جانب الملك ومرور ثلاثين يوما على نشره في الجريدة الرسمية إلا إذا ورد نص خاص في القانون على أن يسري مفعوله من تاريخ آخر.

٣ - إذا لم ير الملك التصديق على القانون فله في غضون ستة أشهر من تاريخ رفعه إليه أن يرده إلى المجلس مشفوعًا ببيان أسباب عدم التصديق.

٤ - إذا رد مشروع أي قانون (ما عدا الدستور) خلال المدة المبينة في الفقرة السابقة وأقره مجلسا الأعيان والنواب مرة ثانية بموافقة ثلثي الأعضاء الذين يتألف منهم كل من المجلسين وجب عندئذ إصداره وفي حالة عدم إعادة القانون مصدقًا في المدة المعينة في الفقرة الثالثة من هذه المادة يعتبر نافذ المفعول وبحكم المصدق. فإذا لم تحصل أكثرية الثلثين فلا يجوز إعادة النظر فيه خلال

제94조

1. 하원의회가 해산하면 각료회의는 국왕의 동의로써 다음 사안을 다루기 위한 임시법을 제정할 권한을 가진다.

가. 일반 재해

나. 전쟁 및 비상사태

다. 지연할 수 없는 필수적이고 긴급한 지출

헌법에 위배되지 않는 임시법은 움마의회가 개회하는 첫 회기에 제출됨으로써 법적 효력이 발생한다. 움마의회는 법안 제출일로부터 연속하는 두 정기회 기간 동안 이를 승인, 수정, 거부할 수 있다. 움마의회가 거부하거나 이 조항에 명시된 기간이 경과하였는데도 아무런 결정을 하지 않았을 경우에는, 각료회의가 국왕의 비준을 받아 법률의 무효를 즉시 공포하여야 한다. 또한 무효가 된 법률은 공포일로부터 이미 취득한 계약에 영향을 미치지 않는 범위 내

تلك الدورة على أنه يمكن لمجلس الأمة أن يعيد النظر في المشروع المذكور في الدورة العادية التالية.

(المادة ٩٤)

١- عندما يكون مجلس النواب منحلًا يحق لمجلس الوزراء بموافقة الملك أن يضع قوانين مؤقتة لمواجهة الأمور الآتي بيانها:

أ- الكوارث العامة.

ب- حالة الحرب والطوارئ.

ج- الحاجة إلى نفقات ضرورية ومستعجلة لا تحتمل التأجيل.

ويكون للقوانين المؤقتة التي يجب أن لا تخالف أحكام الدستور قوة القانون على أن تعرض على مجلس الأمة في أول اجتماع يعقده، وعلى المجلس البت فيها خلال دورتين عاديتين متتاليتين من تاريخ إحالتها وله أن يقر هذه القوانين أو يعدلها أو يرفضها فإذا رفضها أو انقضت المدة المنصوص عليها في هذه الفقرة ولم يبت

에서 효력을 상실한다.

2. 임시법은 이 헌법 제93조에 따라 효력을 발생한다.

제95조

1. 상·하원의회 10명 이상의 의원들은 법안을 제안할 수 있다. 모든 제안은 의견 수렴을 위하여 해당 위원회에 회부하여야 한다. 하원이 위 제안을 받아들일 경우에는 법안 초안 준비를 위해 이를 정부에 제출한 후, 정부는 준비된 초안을 동일한 회기나 다음 회기에 하원에 제출하여야 한다.

2. 본 조 제1항에 따라 상·하원 의원에 의해 제출되는 모든 법안은 하원이 거부할 경우 동일 회기에 다시 제출

بها وجب على مجلس الوزراء بموافقة الملك أن يعلن بطلان نفاذها فورًا، ومن تاريخ ذلك الإعلان يزول ما كان لها من قوة القانون على أن لا يؤثر ذلك في العقود والحقوق المكتسبة.

٢ – يسري مفعول القوانين المؤقتة بالصورة التي يسري فيها مفعول القوانين بمقتضى حكم المادة (٩٣) من هذا الدستور.

(المادة ٩٥)

١ – يجوز لعشرة أو أكثر من أعضاء أي من مجلسي الأعيان والنواب أن يقترحوا القوانين ويحال كل اقتراح على اللجنة المختصة في المجلس لإبداء الراي فإذا رأى المجلس قبول الاقتراح إحاله على الحكومة لوضعه في صيغة مشروع قانون وتقديمه للمجلس في الدورة نفسها أو في الدورة التي تليها.

٢ – كل اقتراح بقانون تقدم به أعضاء أي من مجلسي الأعيان والنواب وفق الفقرة السابقة ورفضه المجلس لا

할 수 없다.

제96조

상·하원 의원은 소속된 의회의 내규에 따라 장관에게 공적 사안에 대해 질문과 심문을 할 수 있다. 긴급사태나 장관이 기간의 단축에 동의하지 않는 한, 장관이 질의서를 수령한 날로부터 8일 이내에는 심문할 수 없다.

يجوز تقديمه في الدورة نفسها.

(المادة ٩٦)

لكل عضو من أعضاء مجلسي الأعيان والنواب أن
يوجه إلى الوزراء أسئلة واستجوابات حول أي أمر
من الأمور العامة وفاقًا لما هو منصوص عليه في النظام
الداخلي للمجلس الذي ينتمي إليه ذلك العضو، ولا
يناقش استجواب ما قبل وفي ثمانية أيام على وصوله
إلى الوزير إلا إذا كانت الحالة مستعجلة ووافق الوزير
على تقصير المدة المذكورة.

제7장
사법권

제97조

판사는 독립적이고, 판결에 있어서 법률 이외에 어떤 권력도 영향을 미칠 수 없다.

제98조

1. 민사법원과 샤리아법원의 판사는 법률에 따라 칙령으로 임명되고 해임된다.

2. 민사 판사와 관련된 업무를 담당하는 사법위원회는 법률로써 설립된다.

3. 본 조 제1항에도 불구하고, 사법위원회는 법률에 따라 민사 판사의 임명 권한을 단독으로 갖는다.

الفصل السابع
السلطة القضائية

(المادة ٩٧)

القضاة مستقلون لا سلطان عليهم في قضائهم لغير القانون.

(المادة ٩٨)

١ - يعين قضاة المحاكم النظامية والشرعية ويعزلون بإرادة ملكية وفق أحكام القوانين.

٢ - ينشأ بقانون مجلس قضائي يتولى جميع الشؤون المتعلقة بالقضاة النظاميين.

٣ - مع مراعاة الفقرة (١) من هذه المادة يكون للمجلس القضائي وحده حق تعيين القضاة النظاميين وفق أحكام القانون.

제99조

법원은 세 종류로 구분된다.

1. 민사법원

2. 종교법원

3. 특별법원

제100조

법원의 종류와 심급, 편제, 권한 및 운영 방식은 특별법으로 정하고, 이 법률은 행정 법원을 두 심급으로 설립함을 명시하여야 한다.

제101조

1. 법원은 모두에게 개방되어 있고, 어떠한 간섭에도 영향을 받지 아니한다.

2. 모든 민간인은 반역죄, 간첩죄, 테러 범죄, 마약 범죄 및 화폐 위조 범죄를 제외하고는 전원이 민간인 판사로 구성되지 않은 형사 재판을 받지 아니한다.

(المادة ٩٩)

المحاكم ثلاثة أنواع:

١ – المحاكم النظامية.

٢ – المحاكم الدينية.

٣ – المحاكم الخاصة.

(المادة ١٠٠)

تعين أنواع المحاكم ودرجاتها وأقسامها واختصاصاتها وكيفية إدارتها بقانون خاص على أن ينص هذا القانون على إنشاء قضاء إداري على درجتين.

(المادة ١٠١)

١ – المحاكم مفتوحة للجميع ومصونة من التدخل في شؤونها.

٢ – لا يجوز محاكمة أي شخص مدني في قضية جزائية لا يكون جميع قضاتها مدنيين، ويستثنى من ذلك جرائم الخيانة والتجسس والإرهاب وجرائم

3. 재판은 공개한다. 다만 법원이 공공질서 및 도덕 준수에 따라 비밀 법정으로 결정한 경우에는 그러하지 아니하다.

4. 피고인은 유죄가 입증될 때까지는 무죄이다.

제102조

요르단 하심 왕국의 민사법원은, 재판권이 이 헌법의 규정이나 시행 중인 다른 법률에 따라 종교법원이나 특별법원에 위임되는 사안을 제외하고, 정부가 행하거나 정부를 상대로 행해지는 소송을 포함한 모든 민·형사에 관하여 재판권을 행사한다.

제103조

1. 민사법원은 왕국에서 시행 중인 법률 규정에 따라 민사

المخدرات وتزييف العملة.

٣- جلسات المحاكم علنية إلا إذا قررت المحكمة أن تكون سرية مراعاة للنظام العام أو محافظة على الآداب، وفي جميع الأحوال يكون النطق بالحكم في جلسة علنية.

٤- المتهم بريء حتى تثبت إدانته بحكم قطعي.

(المادة ١٠٢)

تمارس المحاكم النظامية في المملكة الأردنية الهاشمية حق القضاء على جميع الأشخاص في جميع المواد المدنية والجزائية بما فيها الدعاوي التي تقيمها الحكومة أو تقام عليها باستثناء المواد التي قد يفوض فيها حق القضاء إلى محاكم دينية أو محاكم خاصة بموجب أحكام هذا الدستور أو أي تشريع آخر نافذ المفعول.

(المادة ١٠٣)

١- تمارس المحاكم النظامية اختصاصها في القضاء

및 형사 재판에서 권한을 행사하고, 외국인의 개인 지위 문제[22]나 국제 관습상 상업 및 민사 문제에 해당 국가의 법률을 적용해야 하는 경우에는 법률이 규정하는 바에 따라 다른 국가의 법률을 적용한다.

2. 개인 지위는 법률로 규정하는 사안이고, 당사자가 무슬림인 경우 샤리아법원의 관할에 속한다.

제104조

종교법원은 다음과 같이 분류된다.

1. 샤리아법원
2. 기타 종파위원회

제105조

샤리아법원은 단독으로 샤리아의 특별법에 따라 다음 사안에 대한 재판권을 갖는다.

الحقوقي والجزائي وفق أحكام القوانين النافذة المفعول في المملكة، على أنه في مسائل الأحوال الشخصية للأجانب أو في الأمور الحقوقية والتجارية التي قضت العادة في العرف الدولي بتطبيق قانون بلاد أخرى بشأنها ينفذ ذلك القانون بالكيفية التي ينص عليها القانون.

٢ – مسائل الأحوال الشخصية هي المسائل التي يعينها القانون وتدخل بموجبه في اختصاص المحاكم الشرعية وحدها عندما يكون الفرقاء مسلمين.

(المادة ١٠٤)

تقسم المحاكم الدينية إلى:

١ – المحاكم الشرعية.

٢ – مجالس الطوائف الدينية الأخرى.

(المادة ١٠٥)

للمحاكم الشرعية وحدها حق القضاء وفق قوانينها الخاصة في الأمور الآتية:

1. 무슬림 개인 지위의 문제

2. 양측이 무슬림이거나 한 측이 비무슬림으로 양측 모두가 샤리아법원이 재판권을 갖는 것에 대하여 만족하는 경우의 디아[23] 문제

3. 이슬람 와끄프[24] 관련 업무

제106조

샤리아법원은 재판에서 고귀한 샤리아 규범을 적용한다.

제107조

이슬람 와끄프 업무의 조직 방식과 재무 관리 및 기타 사안은 특별법으로 정한다.

제108조

종파위원회는 정부가 요르단 하심 왕국에서 설립되었다고 인정했거나 인정하는 비무슬림 종파위원회이다.

١ – مسائل الأحوال الشخصية للمسلمين.

٢ – قضايا الدية إذا كان الفريقان كلاهما مسلمين أو كان أحدهما غير مسلم ورضي الفريقان أن يكون حق القضاء في ذلك للمحاكم الشرعية.

٣ – الأمور المختصة بالأوقاف الإسلامية.

(المادة ١٠٦)

تطبق المحاكم الشرعية في قضائها أحكام الشرع الشريف.

(المادة ١٠٧)

تعين بقانون خاص كيفية تنظيم أمور الأوقاف الإسلامية وإدارة شؤونها المالية وغير ذلك.

(المادة ١٠٨)

مجالس الطوائف الدينية هي مجالس الطوائف الدينية غير المسلمة التي اعترفت أو تعترف الحكومة بأنها

제109조

1. 종파위원회는 공포된 관련 법률에 따라 구성되고, 이 법률로 개인 지위 문제와 관련 종파의 이익을 위해 설립된 와끄프에 관해 상기에 언급된 위원회의 권한을 규정한다. 이 종파의 개인 지위 문제는 샤리아법원의 관할 내에 있는 무슬림 개인 지위의 문제이다.

2. 종파위원회는 자신들의 법관 임명과 재판 원칙의 조건을 법률로 정한다는 가정 하에, 샤리아법원의 관할 내에 있는 무슬림 개인 지위의 문제로 간주되지 않는 개인 지위 문제와 관련된 원칙과 규정을 적용한다.

مؤسسة في المملكة الأردنية الهاشمية.

(المادة ١٠٩)

١ – تتألف مجالس الطوائف الدينية وفقًا لأحكام القوانين التي تصدر خاصة بها وتحدد في هذه القوانين اختصاصات المجالس المذكورة بشأن مسائل الأحوال الشخصية والأوقاف المنشأة لمصلحة الطائفة ذات العلاقة. أما مسائل الأحوال الشخصية لهذه الطائفة فهي مسائل الأحوال الشخصية للمسلمين الداخلة في اختصاص المحاكم الشرعية.

٢ – تطبق مجالس الطوائف الدينية الأصول والأحكام المتعلقة بمسائل الأحوال الشخصية التي لا تعتبر من مسائل الأحوال الشخصية للمسلمين الداخلة في اختصاص المحاكم الشرعية، على أن تنظم تشريعات هذه المجالس شروط تعيين قضاتها وأصول المحاكمات أمامها.

제110조

특별법원은 관련 법률에 따라 재판에서 재판권을 행사한
다.

(المادة ١١٠)

تمارس المحاكم الخاصة اختصاصها في القضاء وفاقًا
لأحكام القوانين الخاصة بها.

제8장
재무

제111조

법률에 의하지 아니하는 한 어떠한 세금이나 관세도 부과되지 아니한다. 정부가 개인에게 제공하는 서비스, 국가 소유물로부터 얻는 이익과 재무부가 요구하는 수수료는 여기에 포함되지 않는다. 정부는 세금 부과에 있어 평등과 사회 정의 실현 및 누진 과세의 원칙을 적용하고, 납세자의 지불 능력과 국가의 자금 필요성을 초과하지 않아야한다.

제112조

1. 일반 예산안과 정부 단위 예산안은 검토를 위하여 헌법에 따라 적어도 회계연도 시작 1개월 전에 움마의회에 제출되어야 한다. 두 예산에는 이 헌법의 예산 관련 동일 규

الفصل الثامن
الشئون المالية

(المادة ١١١)

لا تفرض ضريبة أو رسم إلا بقانون ولا تدخل في بابهما أنواع الأجور التي تتقاضاها الخزانة المالية مقابل ما تقوم به دوائر الحكومة من الخدمات للأفراد أو مقابل انتفاعهم بأملاك الدولة وعلى الحكومة أن تأخذ في فرض الضرائب بمبدأ التكليف التصاعدي مع تحقيق المساواة والعدالة الاجتماعية وأن لا تتجاوز مقدرة المكلفين على الأداء وحاجة الدولة إلى المال.

(المادة ١١٢)

١ - يقدم مشروع قانون الموازنة العامة ومشروع قانون موازنات الوحدات الحكومية إلى مجلس الأمة قبل ابتداء السنة المالية بشهر واحد على الأقل للنظر

정이 적용되고, 정부는 지난 회계연도 종료일로부터 6개월 전에 결산서를 제출해야 한다.

2. 일반 예산은 항목별로 표결한다.

3. 일반 예산 지출 부문의 금액은 법률에 의하지 아니하고는 어느 항목에서 다른 항목으로 이전할 수 없다.

4. 움마의회는 일반 예산에 관한 법안이나 그와 관련된 임시법을 토의할 때 공익에 따라 각 항목의 지출을 삭감할 수 있다. 의회는 수정이나 각각 제출된 표결을 통해 지출을 늘릴 수 없으나, 토의가 끝난 후 새로운 지출의 설정(추가)을 위한 새로운 법률 제정을 제안할 수 있다.

5. 일반 예산을 토의하는 중에는 기존 세금의 폐지, 신규 세금의 부과, 수정 및 이미 재정법에 규정된 내용에 대하여 영향을 미칠 수 있는 어떠한 제안도 허용되지 아니한다.

6. 국가의 매 회계연도 수입과 지출은 일반 예산법에 의해 승인된다. 상기 법률은 일정한 액수를 1년 이상 배정하도록 명문화할 수 있다.

فيهما وفق أحكام الدستور، وتسري عليهما نفس الأحكام المتعلقة بالموازنة في هذا الدستور، وتقدم الحكومة الحسابات الختامية في نهاية ستة شهور من انتهاء السنة المالية السابقة.

٢ – يقترع على الموازنة العامة فصلًا فصلًا.

٣ – لا يجوز نقل اي مبلغ في قسم النفقات من الموازنة العامة من فصل إلى آخر إلا بقانون.

٤ – لمجلس الأمة عند المناقشة في مشروع قانون الموازنة العامة أو في القوانين المؤقتة المتعلقة بها أن ينقص من النفقات في الفصول بحسب ما يراه موافقًا للمصلحة العامة وليس له أن يزيد في تلك النفقات لا بطريقة التعديل ولا بطريقة الاقتراح المقدم على حدة على أنه يجوز بعد انتهاء المناقشة أن يقترح وضع قوانين لأحداث نفقات جديدة.

٥ – لا يقبل أثناء المناقشة في الموازنة العامة أي اقتراح يقدم لإلغاء ضريبة موجودة أو فرض ضريبة جديدة أو تعديل الضرائب المقررة بزيادة أو نقصان يتناول ما

제113조

새 회계연도가 시작되기 전에 일반 예산법의 승인이 불가능할 경우, 전년도 예산을 12분의 1로 나누어 월별 지출한다.

제114조

각료회의는 국왕의 동의에 따라 공적 자금의 배분 및 지출감시, 정부 창고의 조직을 위한 법률을 제정할 수 있다.

أقرته القوانين المالية النافذة المفعول ولا يقبل أي اقتراح بتعديل النفقات أو الواردات المربوطة بعقود.

٦ – يصدق على واردات الدولة ونفقاتها المقدرة لكل سنة مالية بقانون الموازنة العامة على أنه يجوز أن ينص القانون المذكور على تخصيص مبالغ معينة لأكثر من سنة واحدة.

(المادة ١١٣)

إذا لم يتيسر إقرار قانون الموازنة العامة قبل ابتداء السنة المالية الجديدة يستمر الأنفاق باعتمادات شهرية بنسبة ١ / ١٢ لكل شهر من موازنة السنة السابقة.

(المادة ١١٤)

لمجلس الوزراء بموافقة الملك أن يضع انظمة من أجل مراقبة تخصيص وأنفاق الأموال العامة وتنظيم مستودعات الحكومة.

제115조

세금과 그 외 모든 국가 수익은 법률에서 다르게 규정하지 아니하는 한 재무부에 납부하여 국가 예산에 포함시켜야 한다. 재무부 기금은 법률에 의하지 아니하는 한 어떠한 목적으로도 책정되거나 지출되지 아니한다.

제116조

왕실 비용은 일반 수입에서 지출되고 이는 일반 예산법으로 정한다.

제117조

광산, 광물, 공공시설의 투자에 관련된 권리를 부여하는 모든 특허는 법률로써 승인되어야 한다.

제118조

법률에 명시된 경우가 아닌 한 어느 누구에게도 세금과 수

(المادة ١١٥)

جميع ما يقبض من الضرائب وغيرها من واردات الدولة يجب أن يؤدى إلى الخزانة المالية وأن يدخل ضمن موازنة الدولة ما لم ينص القانون على خلاف ذلك ولا يخصص أي جزء من أموال الخزانة العامة ولا ينفق لأي غرض مهما كان نوعه إلا بقانون.

(المادة ١١٦)

تدفع مخصصات الملك من الدخل العام وتعين في قانون الموازنة العامة.

(المادة ١١٧)

كل امتياز يعطى لمنح أي حق يتعلق باستثمار المناجم أو المعادن أو المرافق العامة يجب أن يصدق عليه بقانون.

(المادة ١١٨)

لا يجوز إعفاء أحد من تادية الضرائب والرسوم في غير

수료 납부의 면제가 허용되지 아니한다.

제119조

감사원은 국가의 수익, 지출, 지출 방식을 통제하기 위하여 법률로 설립된다.

1. 감사원은 상 · 하원의회의 정기회 시작 시나 양원 중 한 곳이 요청할 때마다 부정행위 및 그에 따른 책임, 기구의 의견 및 논평(지적 사항)을 포함하는 연간보고서를 제출하여야 한다.

2. 감사원장의 면책은 법률로 정한다.

الأحوال المبينة في القانون.

(المادة ١١٩)

يشكل بقانون ديوان محاسبة لمراقبة إيراد الدولة ونفقاتها وطرق صرفها:

١ - يقدم ديوان المحاسبة إلى مجلسي الأعيان والنواب تقريرًا عامًا يتضمن المخالفات المرتكبة والمسؤولية المترتبة عليها وآراءه وملاحظاته وذلك في بدء كل دورة عادية وكلما طلب أحد المجلسين منه ذلك.

٢ - ينص القانون على حصانة رئيس ديوان المحاسبة.

제9장
일반 조항

제120조

요르단 하심 왕국의 행정구역[25]과 정부 부처의 구성, 등급, 명칭, 관리 방침, 공무원의 임명 및 해고, 이들에 대한 감독 및 권한과 권한의 제한은 국왕의 비준을 얻어 각료회의가 공포하는 규정으로 정한다.

제121조

시의회와 지방의회의 업무는 특별법에 따라 시의회나 지방의회가 관리한다.

제122조

1. 최고위원회는 상원의회 의장을 위원장으로 하여 8명의

الفصل التاسع
مواد عامة

(المادة ١٢٠)

التقسيمات الإدارية في المملكة الأردنية الهاشمية وتشكيلات دوائر الحكومة ودرجاتها وأسماؤها ومنهاج إدارتها وكيفية تعيين الموظفين وعزلهم والإشراف عليهم وحدود صلاحياتهم واختصاصاتهم تعين بأنظمة يصدرها مجلس الوزراء بموافقة الملك.

(المادة ١٢١)

الشؤون البلدية والمجالس المحلية تديرها مجالس بلدية أو محلية وفاقًا لقوانين خاصة.

(المادة ١٢٢)

١ - يؤلف مجلس عالٍ من رئيس مجلس الأعيان رئيسًا

위원으로 구성된다. 그들 중 3명은 상원의회의 의원들 중에서 투표로 선출하고, 5명은 최고민사재판소의 판사들 중에서 선임 서열에 따라 임명된다. 필요 시에 정원은 서열에 따라 법원장들로 충원된다.

2. 최고위원회는 각료회의의 결정 또는 움마의회(상원의회, 하원의회) 중 한 곳이 다수결로 결정한 경우, 헌법 규정을 해석할 수 있는 권리를 가지며 이는 관보에 공포된 후에 효력을 가진다.

3. 본 조항은 헌법재판소법이 발효되면 무효로 간주된다.

제123조

1. 특별재판소는 총리가 요청할 경우 법원이 해석하지 않은 법률을 해석할 권리를 가진다.

2. 특별재판소는 최고민사재판소의 소장이 재판장이 되고, 최고민사재판소의 두 명의 판사, 각료회의가 임명하는 한 명의 고위 행정 관료와 고위 공무원 중 장관이 요청한

ومن ثمانية أعضاء، ثلاثة منهم يعينهم مجلس الأعيان من أعضائه بالاقتراع، وخمسة من قضاة أعلى محكمة نظامية بترتيب الأقدمية، وعند الضرورة يكمل العدد من رؤساء المحاكم التي تليها بترتيب الأقدمية أيضًا.

٢ - للمجلس العالي حق تفسير أحكام الدستور إذا طلب إليه ذلك بقرار صادر عن مجلس الوزراء، أو بقرار يتخذه أحد مجلسي الأمة بالأكثرية المطلقة، ويكون نافذ المفعول بعد نشره في الجريدة الرسمية.

٣ - تعتبر هذه المادة ملغاة حكما حال وضع قانون المحكمة الدستورية موضع التنفيذ.

(المادة ١٢٣)

١ - للديوان الخاص حق تفسير نص أي قانون لم تكن المحاكم قد فسرته إذا طلب إليه ذلك رئيس الوزراء.

٢ - يؤلف الديوان الخاص من رئيس أعلى محكمة نظامية رئيسًا وعضوية اثنين من قضاتها وأحد كبار موظفي الإدارة يعينه مجلس الوزراء، يضاف إليهم

해석과 관련된 위원으로 구성된다.

3. 특별재판소는 다수결로써 결정한다.

4. 특별재판소가 공포하고 관보에 게재된 결정은 법률과 같은 효력을 가진다.

5. 법 해석과 관련된 그 밖의 모든 다른 사항은 통상적인 방식으로 법원이 결정한다.

제124조

긴급사태가 발생하여 국가 방위가 필요한 경우, 방어법이라는 이름으로 법률이 제정되고, 국가 방위 보장을 위하여 국가 일반법의 효력 중지를 포함한 필수 조치 및 절차를 취하도록 위 법률이 지정하는 사람에게 권한이 주어진다. 방어법은 각료회의의 결정에 의하여 칙령으로 선언될 때 발효된다.

عضو من كبار موظفي الوزارة ذات العلاقة بالتفسير المطلوب ينتدبه الوزير.

٣- يصدر الديوان الخاص قراراته بالأغلبية.

٤- يكون للقرارات التي يصدرها الديوان الخاص وتنشر في الجريدة الرسمية مفعول القانون.

٥- جميع المسائل الأخرى المتعلقة بتفسير القوانين تقررها المحاكم عند وقوعها بالصورة الاعتيادية.

(المادة ١٢٤)

إذا حدث ما يستدعي الدفاع عن الوطن في حالة وقوع طوارئ فيصدر قانون باسم قانون الدفاع تعطى بموجبه الصلاحية إلى الشخص الذي يعينه القانون لاتخاذ التدابير والإجراءات الضرورية بما في ذلك صلاحية وقف قوانين الدولة العادية لتأمين الدفاع عن الوطن، ويكون قانون الدفاع نافذ المفعول عندما يعلن عن ذلك بإرادة ملكية تصدر بناء على قرار من مجلس الوزراء.

제125조

1. 긴급사태 발생 시 이 헌법 전 조항(제124조)에 따른 조치와 절차가 왕국 방어에 충분치 않다고 간주되면, 국왕은 각료회의의 결정에 따라 칙령으로 왕국 전역이나 일부에 계엄령을 선포할 수 있다.

2. 계엄령 선포 시에 국왕은 시행 중인 어떠한 법률과 상관없이 왕국의 방어 목적을 위하여 계엄령의 필요성을 결정할 수 있는 훈령을 칙령에 따라 공포할 수 있다. 훈령을 집행하는 모든 사람은 특별법 제정 후 그 책임이 면제될 때까지 그들의 직무로 인하여 야기된 결과에 대하여 법적 책임을 진다.

제126조

1. 법안과 관련하여 이 헌법에 명시된 절차는 이 헌법의 개정안에 적용되고, 개정은 상원의회와 하원의회 의원 3분

(المادة ١٢٥)

١ - في حالة حدوث طوارئ خطيرة يعتبر معها أن التدابير والإجراءات بمقتضى المادة السابقة من هذا الدستور غير كافية للدفاع عن المملكة، فللملك بناء على قرار مجلس الوزراء أن يعلن بإرادة ملكية الأحكام العرفية في جميع أنحاء المملكة أو في أي جزء منها.

٢ - عند إعلان الأحكام العرفية للملك أن يصدر بمقتضى إرادة ملكية أية تعليمات قد تقضي الضرورة بها لأغراض الدفاع عن المملكة بقطع النظر عن أحكام أي قانون معمول به، ويظل جميع الأشخاص القائمين بتنفيذ تلك التعليمات عرضة للمسؤولية القانونية التي تترتب على أعمالهم إزاء أحكام القوانين إلى أن يعفوا من تلك المسؤولية بقانون خاص يوضع لهذه الغاية.

(المادة ١٢٦)

١ - تطبق الأصول المبينة في هذا الدستور بشأن مشاريع القوانين على أي مشروع لتعديل هذا

의 2의 찬성에 의하여야 한다. 또한 양 의회가 이 헌법 제 92조에 따라 소집될 때 개정 승인을 위해서는 각 의회 의원 3분의 2의 동의가 요구된다. 두 경우 모두 국왕의 비준 없이는 효력을 가지지 아니한다.

2. 국왕의 권리와 승계에 관한 섭정 기간에는 헌법의 어떠한 수정도 허용되지 아니한다.

제127조

1. 군대의 역할은 국가 방위 및 국가 안전에 국한된다.

2. 군대, 정보기관, 경찰 및 헌병대의 조직 및 이에 속한 사람의 권리와 의무는 법률로 정한다.

3. 국왕은 군대의 사령관, 정보부장 및 헌병대장을 임면한다.

الدستور، ويشترط لإقرار التعديل أن تجيزه أكثرية الثلثين من أعضاء كل من مجلسي الأعيان والنواب، وفي حالة اجتماع المجلسين وفاقًا للمادة (٩٢) من هذا الدستور يشترط لإقرار التعديل أن تجيزه أكثرية الثلثين من الأعضاء الذين يتألف منهم كل مجلس، وفي كلتا الحالتين لا يعتبر نافذ المفعول ما لم يصدق عليه الملك.

٢ – لا يجوز إدخال أي تعديل على الدستور مدة قيام الوصاية بشأن حقوق الملك ووراثته.

(المادة ١٢٧)

١ – تنحصر مهمة الجيش في الدفاع عن الوطن وسلامته.

٢ – يبين بقانون نظام الجيش والمخابرات والشرطة والدرك وما لمنتسبيها من الحقوق والواجبات.

٣ – يعين الملك قائد الجيش ومدير المخابرات ومدير الدرك وينهي خدماتهم.

제10장
법률의 효력과 폐지

제128조

1. 이 헌법에 따라 제정된 권리와 자유에 관한 법률은 그 근원과 기본 원칙에 영향을 받지 아니한다.

2. 이 헌법이 발표될 때 요르단 하심 왕국에서 시행 중인 모든 법률, 규정, 입법 활동은 헌법에 의해 공포되는 법률에 의해 폐지되거나 개정될 때까지 시행된다. 그 기간은 최대 3년으로 한다.

제129조

1. 1946년 12월 7일에 공포된 요르단 헌법은 개정과 동시에 폐지된다.

الفصل العاشر
نفاذ القوانين والإلغاءات

(المادة ١٢٨)

١ - لا يجوز أن تؤثر القوانين التي تصدر بموجب هذا الدستور لتنظيم الحقوق والحريات على جوهر هذه الحقوق أو تمس أساسياتها.

٢ - إن جميع القوانين والأنظمة وسائر الأعمال التشريعية المعمول بها في المملكة الأردنية الهاشمية عند نفاذ هذا الدستور تبقى نافذة إلى أن تلغى أو تعدل بتشريع يصدر بمقتضاه وذلك خلال مدة أقصاها ثلاث سنوات.

(المادة ١٢٩)

١ - يلغى الدستور الأردني الصادر بتاريخ ٧ كانون الأول سنة ١٩٤٦ مع ما طرأ عليه من تعديلات.

2. 1922년 팔레스타인 헌법 칙령은 개정과 동시에 폐지된
다.

3. 제1항과 제2항에 명시된 폐지는 이 헌법의 효력 이전 두
헌법에 따라 제정된 법률이나 규정의 효력에 영향을 미치
지 아니한다.

제130조

이 헌법은 관보에 게재된 날로부터 효력을 발생한다.

제131조

각료위원회는 이 헌법의 시행을 담당한다.

٢- يلغى مرسوم دستور فلسطين لسنة ١٩٢٢ مع ما طرأ عليه من تعديلات.

٣- لا يؤثر الإلغاء المنصوص عليه في الفقرتين السابقتين على قانونية أي قانون أو نظام صدر بموجبهما أو شيء عمل بمقتضاهما قبل نفاذ أحكام هذا الدستور.

(المادة ١٣٠)

يعمل بأحكام هذا الدستور من تاريخ نشره في الجريدة الرسمية.

(المادة ١٣١)

هيئة الوزراء مكلفة بتنفيذ أحكام هذا الدستور.

주석

요르단 하심 왕국 헌법

1 하심 가문은 메카의 지배 부족들 중 하나였던 쿠라이시 부족의 한 가문으로 이
슬람의 예언자 무함마드가 태어난 가문이다. 하심 가문은 무함마드의 딸인 파띠
마와 네 번째 정통칼리파인 알리 사이에서 태어난 하산의 후손이 현대에 건설한
히자즈 왕국, 이라크 왕국, 시리아 아랍 왕국, 트란스 요르단의 왕가였으며, 현
요르단의 왕가이다.

2 이슬람의 신앙공동체, 즉 이슬람 공동체 및 무슬림 공동체를 뜻한다. 민족, 국가
라는 뜻으로 사용되기도 한다.

3 암만은 기원전 5세기경부터 있었던 도시로, 성서의 라바트 암몬과 일치한다.
헬레니즘 시대 프톨레마이오스조의 필라델푸스 2세가 도시를 재건하였고, 로
마·비잔틴 시대에는 필라델피아라는 이름으로 알려졌다.

4 검정색은 압바스조를, 하얀색은 우마이야조를, 초록색은 파띠마조를, 빨간색은
하심 가문을, 하얀색 칠각별은 코란의 개경장을 기록하고 있는 7개 구절을 의미
한다.

5 요르단은 1970년대 이래 교육에 많은 투자와 노력을 기울이고 있다. 교육제도
는 초등, 중등, 고등 교육으로 나뉘며, 초등학교 6년, 중학교 4년, 고등학교 2년
과정으로 되어 있다. 의무교육 10년을 포함해 모든 어린이들에게 공교육이 제
공되나, 전체 학생의 약 15%가 사립학교에 다니고 있다. 요르단의 문맹률은 약
11%이며, 초등 육 및 중등 교육 이수자가 각각 95%, 66%를 차지하고 있다.

6 요르단은 아라비아반도 북부에 위치하고 있으며 해안선의 길이는 26km이다. 면
적은 8만 9342㎢이다.

7 공공위험은 불특정 다수 또는 다수인의 생명, 신체, 재산을 위태롭게 할 개연성

이 있는 상태를 말한다. 발화와 실화, 교통 방해, 음용수와 아편에 관한 범죄 등이 이에 해당된다.

8　병이 원인이 되어 일어나는 생체의 변화

9　종교는 92%가 이슬람교(순니파)이고, 그 외 기독교 6%, 기타 2%이다.

10　요르단에는 다수의 일간지와 주간 신문사가 설립되어 있다. 주요 일간지로는 알두스투르(아랍어), 알라으이(아랍어), 요르단 타임스(영어)이고, 주요 주간 신문으로는 알사빌(아랍어) 등이 있다.

11　2001년 말 형법 개정으로 모든 신문에 대한 검열을 강화하였다. 그 내용을 보면 파업 및 불법 집회 시 신문사를 폐쇄하고, 벌금을 강화하며, 언론인에 대한 3년 이하 징역 등 새로운 형벌을 도입하였다. 왕과 왕비 및 왕자에 대한 모독성 기사의 경우 징역형을 실시하는 등 언론에 대한 규제가 대폭 강화되었다. 강화 내용은 증오 및 원한을 불러 일으키는 사설, 종교적·인종적 반감을 고양시키는 행위, 국가 단합을 저해하는 기사 등의 경범죄 사항도 벌금 및 징역형으로 중징계하는 것이다.

12　이슬람행동전선(무슬림 형제단), 잠잠(온건 이슬람 정당), 이슬람중도정당, 정의개혁당 등 20개의 군소 정당이 활동하고 있다.

13　헌법재판소, 대법원, 고등법원, 초심법원, 치안법원, 종교법원 등이 있으며, 다른 아랍 국가에 비해 종교재판의 범위가 적어 종교 분쟁, 결혼 문제 등만 종교법원에서 다루고 나머지는 일반법원이 담당하고 있다.

14　현재는 압둘라 2세 국왕이 1999년부터 집권하고 있다. 왕세자는 압둘라 2세 국왕과 라니야 왕비 사이에서 태어난 알후사인 븐 압둘라이다.

15　무슬림 남성은 정당한 조건과 절차를 통해 네 명의 여성과 결혼할 수 있으며, 네 명의 여성은 모두 정부인으로서 합법적인 배우자가 된다.

16　요르단은 세계 약 67위의 군사력을 보유하고 있는 것으로 평가된다. 병력은 약 14만명, 탱크 1,300여대, 항공기 250여대, 군함 37대를 보유하고 있다.

17　요르단의 공식 통화는 디나르(JOD)이고, 고정 환율제를 채택하고 있으며, 2018년 11월 30일 현재 1달러당 0.71디나르(약 1,120원)이다.

18 압둘라 2세 국왕은 2018년 6월 14일 우마르 알라자즈 총리가 이끄는 내각(28명의 장관)을 발표했다. 라자이 알무아시르(부총리 겸 국무장관), 아이만 알싸파디(외무장관), 아딜 트웨이시(교육부장관), 할라 라뚜프(사회부장관), 무사 마이타(정치의회부장관), 사미르 무라드(노동부장관), 마흐무드 시얍(보건부장관), 야흐야 키스비(노동부장관), 나이프 알파이즈(환경부장관) 등

19 2018년 11월 30일 현재 헌법재판소 소장은 히샴 알탈이고, 위원들로는 만수르 알하디디, 누으만 알카띱, 무함마드 드와입, 무함마드 알리 알라와나, 무함마드 알무바이딘, 까심 알무마니, 파이즈 알하마라나, 아크람 마사아다, 무함마드 알마하딘이다.

20 샤리아는 '마실 수 있는 물의 발원지(로 가는 길), 올바른 길'이란 의미이고, 모든 무슬림이 믿고 실천해야 하는 지침, 규범, 도덕, 관행을 총칭한다.

21 '마으투흐(معتوه)'는 의식이 적게 나마 있는 사람을 지칭하며 '마즈눈(مجنون)'은 의식이 없는 사람을 지칭함.

22 개인 지위 문제는 주로 이혼, 결혼, 상속 등과 관련되어 있다. 이와 관련된 법을 가족법이라고도 한다.

23 상해나 살해에 대한 보상금 및 위자료

24 경건한 일이나 공공의 선한 일에 쓰도록 유언이나 증여를 통해 이슬람 국가에 영구히 재산을 기증하는 것이며, 이 재산은 아우까프라는 정부 부서가 관리한다.

25 요르단은 다음과 같은 12개 주로 구성되어 있으며, 괄호 안은 주도이다. 이르비드주(이르비드), 알발까으주(쌀뜨), 제라시주(제라시), 알자르까으주(알자르까으), 알따필라주(알따필라), 아즐룬주(아즐룬), 알아까바주(알아까바), 암만주(암만), 알카락주(알카락), 마다부주(마다바), 마안주(마안), 알마프락주(알마프락)

문화의 용광로,
요르단 하심 왕국

1. 요르단 개관

국명	요르단 하심 왕국(The Hashemite Kingdom of Jordan)
최고 통치자 (국왕)	압둘라 빈 알후세인(압둘라 2세) • 초대: 압둘라 1세 (1946년 ~ 1951년). 1951년 동예루살렘의 알 악사 사원에서 암살됨. • 2대: 탈랄 1세(1951년 ~ 1952년) • 3대: 후세인 1세(1952년 ~ 1999년) • 4대: 압둘라 2세(1999년 ~ 2019년 현재)
정부 형태	입헌군주제
의회	양원제 • 상원: 국왕 임명 65석(임기 4년). • 하원: 국민 직접 선출 130석(임기 4년. 2016. 9. 20 총선 실시). (그리스도교인에 9석, 체르케스인 등에 3석, 여성에 15석 할당함)
수도	암만 • 인구 144만 • 정치, 문화, 상공업의 중심지
독립일	1946년 5월 25일 영국으로부터 독립
면적	89,342㎢(세계 111위)
인구	• 10,248,069명(2017년 통계. 세계 106위) • 약 980만 명(2015년, 시리아 난민 포함)[1] • 5,759,732(2005년) * 아랍인(팔레스타인인 포함 98%), 체르케스계(1%), 아르메니아계 (1%)
국어(공용어)	아랍어
종교	순니 무슬림 92%, 그리스도교인 6%, 기타(시아, 수피 등) 2%
경제	• 국민총생산: 387억 9백만 US$(2016년), 400억 6천 8백만 US$(2017) • 1인당 GDP: 4,094 US$(2016년), 4,130 US$(2017)
화폐 단위	요르단 디나르(JOD)

기후	서쪽에 레바논, 안티레바논 두 산맥이 이어져서 남북으로 뻗어있고, 그 사이 폭 10~20km의 대지구대(大地溝帶)가 있으며, 이것이 갈릴리 호수, 사해, 아카바만 등을 거쳐 아프리카로 이어짐. 지구대의 저변은 평탄하지 않아 헤르몬 산에서 발원한 요르단 강이 남쪽으로 흘러 사해로 들어감. 사해 남쪽에서 지구대가 차츰 높아지다가 10km 남방에서부터 해면과 같은 고도가 됨. 지구대 동부에 위치한 요르단은 표고 500m, 1,000m의 완만한 고원상을 이룬 암석 사막지대임. 지구대의 서쪽은 지중해성 기후로 하계에는 고온·건조하고, 동계에는 저온·다습하여 연간 500mm 정도의 비가 내림. 동부는 스텝 사막지대로 강우량이 연간 200mm 미만임.
국경일 / 공휴일	5월 25일(독립기념일)
국기와 문장	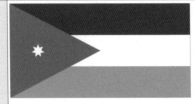 **국기:** 별은 아랍인의 통합을 나타내고, 별의 7개 꼭지점은 수도인 암만이 7개 언덕 위에 건설되었음을 상징하는데, ① 유일신에 대한 믿음, ② 인류애, ③ 겸손, ④ 국민정신, ⑤ 미덕, ⑥ 사회정의, ⑦ 열망을 뜻하기도 함. **문장:** 문장에는 왕관, 방패 모양으로 쳐진 포장, 살라딘의 독수리, 청색 지구, 두 개의 요르단 국기, 둥근 방패와 창, 칼, 활과 화살, 곡물의 이삭, 종려나무잎이 그려져 있음. 요르단 왕국의 좌우명은 '알라, 국가, 국왕'이며, 문장 밑부분의 띠에는 왼쪽부터 '알라로부터 지지와 인도를 받는 자', '요르단 하심 왕국의 국왕', '압둘라 II 빈 알후세인 빈 아운(Abdullah II bin al-Hussein bin Awn)'이라고 쓰여 있음. 이는 '요르단 하심 왕국의 국왕 압둘라 II 빈 알후세인 빈 아운은 알라의 지지와 인도를 받는 자이다'라는 뜻임.

한국-요르단 수교	• 1962년 7월 26일 외교관계 수립 • 1965년 7월 4일 주한 요르단 명예영사관 설치 • 1970년 5월 12일 주 암만 한국 명예총영사관 개관 • 1975년 3월 31일 주 요르단 한국 상주대사관 설치 • 2010년 10월 주한 요르단 초대 대사 부임 * 북한-요르단 수교: 1974년 7월

2. 역사

요르단은 제1차 세계대전 이후 새로 재편되는 세계질서 과정 시기였던 1921년에 당시 아미르 압둘라 1세가 트랜스요르단 에미리트(Emirate of Transjordan)를 수립했고, 영국은 트랜스요르단 에미리트를 위임통치 지역으로 선포했다. 요르단은 1946년 영국으로부터 트랜스요르단 에미리트라는 국명으로 독립했고, 1949년에 요르단 하심 왕국으로 국명을 바꾼 후 현재까지 유지하고 있다. 요르단의 명칭은 아랍어로 우르둔(الأردن), 영어로는 조르단(Jordan)이다. 요르단은 사우디아라비아, 이라크, 시리아, 이스라엘-팔레스타인과 국경을 맞대고 있고, 아카바 항구는 이집트 시나이 반도와 가까운 곳에 위치해 있다. 홍해와 사해에 접한 요르단은 아시아, 아프리카, 유럽의 교차로에 위치한 아랍무슬림 입헌군주제 국가이다. 요르단 왕가는 이슬람 혈통, 특히 예언자 무함마드의 딸 파티마로부터 이어져 온 하심가(Hashimite family)의 직계손이라는 것과 아랍 유산을 이어받았다는 것을 자랑스럽게 여긴다.[2] 요르단은 지리적 환경을 기준으로 ① 비옥한 서부의 요르단 계곡, ② 주로 도시가 건설되어 있는 동부 고원, ③ 시리아, 이라크, 사우디아라비아로 이어지는 동부지역의 사막 등 세 지역으로 구분된다.

요르단강에서 유래한 요르단은 전통적으로 '요르단을 가로지르다'는 의미의 트랜스요르단이라는 말로 불렸고, 요르단강 동쪽 지역의 땅을 의미했다. 히브리 성경에서 이 지역은 요르단의 다른(반대) 쪽이라는 뜻으로 사용되었고, 초기 이슬람 시대 동안에는 준드 알우르둔 즉 요르단 군사지역이란 명칭으로 사용되었다. 빌라드 앗샴(샴 국가)의 5개 구역 중의 하나로 북쪽의 땅을 의미하는데, 히자즈 지역에서 보았을 때는 왼쪽에 있는 땅, 그 반대 쪽에서 보았을 때는 오른 쪽의 땅을 의미하기도 한다. 7세기 중반에 무슬림 군대가 비잔티움 제국 땅이었던 이 지역을 정복하였고, 야르묵 전투(Battle of Yarmuk)에서 무슬림 군대가 승리함으로써 이후 이 지역은 무슬림의 땅으로 완전히 통합되었다. 정통 칼리파 시대에 수립된 준드 알우르둔은 레바논산 남쪽 지역, 갈릴리, 하우란(Hawran) 남부 지역, 골란고원, 요르단 계곡 대부분을 포함하는 지역인데, 우마이야조와 압바스조 내내 수도는 티베리아스(Tiberias)였다. 이 지역은 정통 칼리파 시대, 우마이야 칼리파 시대, 압바스 칼리파 시대의 행정구역이자 군사 지역이었다. 십자군 원정 초기에 울트르조르뎅(Oultrejordain)이라는 하나의 영지가 수립되기도 했다. 울트르조르뎅은 요르단강 동쪽 지역의 광대한 지역이지만 확정되지 않은 막연한 지역으로, 청동기 시대에 에돔(Edom),[3] 모압(Moab),[4] 암몬(Ammon)[5]으로 알려진 지역이다. 울트르조르뎅은 트랜스요르단을 의미하고, 지금은 레반트 지역에 해당한다.

1) 고대

구석기 시대(2만년 전 이전)부터 요르단 지역에 사람이 살았다는 증거가 여럿 발견되었다. 요르단 북동쪽의 나투피안(Natufian) 지역에서는 14,500년 전에 빵을 만들었던 흔적이 발견되었고, 그 외 수렵 활동 흔적이 여러 곳에서 발견되었다. 청동기 시대(기원전 3600-1200년)에는 도시가 형성되기도 했고, 청동 생산지가 있었으며, 수자원과 농토가 있는 지역에는 마을

이 형성되었다. 고대 이집트인들이 요르단 지역으로 이주하기도 했다. 철기 시대(기원전 1200-332년)에 지금의 요르단 지역 암만 고원에 암몬, 사해 동쪽 지역에 모압, 와디 아라바(Wadi Araba)에 에돔이라는 왕국이 있었다 이후 역사적으로 보면 요르단 지역은 앗시리아 왕국(기원전 25세기-605년), 바빌론 왕국(기원전 25세기-539년), 페르시아 제국(기원전 549-331년), 알렉산더 제국(기원전 333-223년), 후에 에돔 남쪽에 기반을 둔 유목 아랍인들의 나바트 왕국(기원전 400-기원후 160년. 기원전 169년에 독립 왕국 수립), 로마 제국(기원전 63-기원후 330년),[6] 비잔티움 제국(330-1453년),[7] 이슬람 제국(634-1516년),[8] 십자군,[9] 오스만 제국(1516-1918년), 영국(1919-1946년)의 통치를 받았다.

기원전 332년에 알렉산더 대왕이 페르시아 제국을 정복하면서 그리스문화가[10] 중동에 전파되었다. 기원전 323년에 알렉산더 대왕이 사망한 이후, 트랜스요르단의 많은 부분은 이집트에 기반을 둔 프톨레마이오스와 시리아에 기반을 둔 셀류코스(셀레우코스)의 통치를 받았다. 이 두 그리스 강대 세력 간의 싸움을 활용하여 기원전 169년에 독립 왕국을 건설한 아랍 유목 국가인 나바트 왕국[11]은 요르단 지역을 통제하였고, 홍해 해안 지

역을 따라 히자즈 사막 쪽, 즉 남쪽으로 확대하였으며, 북쪽으로
는 짧은 기간이긴 하지만 다마스쿠스까지 지배하였다. 나바트
왕국의 수도였던 페트라는 기원후 1세기 기간 동안 번영을 누렸
다. 폼페이우스(기원전 106-48) 장군이 이끈 로마 군대가 기원
전 64년에 레반트 지역의 많은 부분을 차지하면서 요르단 지역
도 로마의 영토가 되었다. 로마 황제 트라야누스(53-117)는 트
랜스요르단 지역의 10개 도시 연맹을 구성하고, 이들 도시에 자
율권을 주어 통치했다. 현재 동쪽 지역에 있는 로마의 도시들
중에서 제라시(Jerash)가 가장 잘 보존되어 있다. 324년에 로마
제국은 분열되었고, 동로마 제국(비잔티움 제국)은 636년 까지
이 지역을 통제, 또는 영향력을 끼치고 있었다. 392년에 비잔티
움 제국은 그리스도교를 국교로 삼았고, 아카바 교회 등 많은 교
회가 건축되었다. 동쪽 지역의 사산 제국과 비잔티움 제국이 경
쟁하는 과정에서 이 지역 일부가 사산 제국의 통제에 들어가기
도 했다.

2) 이슬람 시대

629년에 무으탄 전투[12] 중에 비잔티움 제국과 아랍의 그리스

도교 피보호국이던 가산 왕국[13]은 히자즈 지역으로부터 북쪽의 레반트 지역으로 침략해온 무슬림 군대의 침략을 거우 저지할 수 있었다. 그러나 636년에 트랜스요르단의 가까운 북쪽 지역에서 벌어진 야르묵 전투에서 비잔티움 제국이 패배함으로써 이 지역은 이슬람 지역이 되었다. 그 이후 트랜스요르단은 우마이야조(661~750년), 압바스조(750~969년), 파티마조(969~1070년), 예루살렘의 십자군 왕국(1115~1187년)의 식민지가 되었다. 트랜스요르단에서 가까운 티베리아스호 인근에서 벌어진 1187년 하틴 전투에서 십자군은 아유조(1187-1260)의 창건자 살라딘에게 패배했다. 아유조의 트랜스요르단 마을들은 시리아에서 히자즈로 연결되는 길을 따라 메카로 순례 가는 무슬림들에게 중요한 쉼터였다. 트랜스요르단 지역은 아유조에 이어 맘룩조(1260-1516)의 통치를 받았다. 몽골군의 침략을 받았으나 1260년 아인잘루트 전투에서 맘룩군이 몽골군을 격퇴함으로써 맘룩조의 통치를 받았다. 1516년에 오스만 튀르크 군대가 맘룩을 정복함으로써 트랜스요르단 지역은 오스만 제국의 영토가 되었고 트랜스요르단은 매우 번창하였다. 오스만 제국 통치 첫 3세기 동안 시리아와 히자즈의 아랍 베두인 부족들이 트랜스요르단 지역으로 이주하였고, 오스만 제국의 통제가 느

슌하여서 19세기까지 무정부적 상태가 지속되었다. 이 시기에 와하비주의자들이 잠시 이 지역을 통제했다(1803-1812). 오스만 술탄의 요구로 이브라힘 파샤가 1818년에 와하비주의자들을 쫓아냈고, 1833년에는 오스만군까지 축출하고 레반트 지역의 통치자가 되었다. 그러나 그의 강압 통치에 불만을 가진 농부들이 1834년 팔레스타인에서 반란을 일으켜 성공함으로써 1841년에 이브라힘 파샤의 통치가 끝나고 다시 오스만 제국이 이 지역을 지배하였다. 오스만 제국 통치 하에서 남부 요르단은 히자즈의 한 부분이 되었고, 북쪽 지역은 다마스쿠스의 행정구역에 속했다. 제1차 세계대전 중인 1916년 히자즈의 하심가 출신인 메카의 샤리프 후세인과 그의 아들 압둘라, 파이살, 알리가 이끈 아랍항쟁과 제1차 세계대전에서의 오스만 제국의 패배로 오스만 제국의 통치는 끝나고 트랜스요르단을 포함한 아랍지역에서 아랍 민족주의가 부상하기 시작했다.

3. 하심가 중심의 근대 국가 건설

제1차 세계대전 중인 1916년 5월, 영국과 프랑스는 사이크스-

피코 협정(Sykes-Picot Agreement)을 맺어 오스만제국의 영토를 분할 점령하기로 약속하였다. 이 협정에서 레반트 지역은 영국과 프랑스 통치 지역으로 양분되었다. 현재의 레바논과 시리아는 프랑스가, 팔레스타인 동쪽으로부터 이라크에 이르는 지역은 영국이 차지하기로 한 것이다. 당시 요르단과 그 동쪽 지

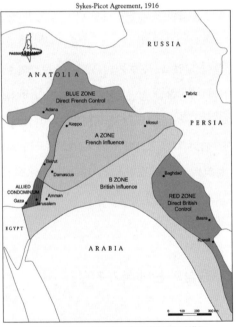

Sykes-Picot Agreement, 1916

Palestinian Academic Society for the Study of International Affairs
(PASSIA)

역은 분리된 실체가 아니었다. 아랍인들은 현재의 이스라엘, 요르단, 레바논, 시리아를 대시리아(Greater Syria)로 인식하고 있었고, 영국과 유럽의 시온주의자들은 이 지역(영국 위임통치 지역)을 팔레스타인의 한 부분으로 인식했다. 사이크스-피코 협정, 1920년 산 레모 회의(San Remo Conference), 1921년 국제연맹의 결정으로 요르단 지역의 영토는 영국의 위임통치 지역이 되었다.

1) 압둘라 1세 국왕, 근대 국가 건설

제1차 세계대전 중에 발생했던 아랍항쟁 중 하심가는 영국과 함께 오스만 제국에 저항하여 싸웠다. 영국 정보장교 로렌스의 지원을 받은 파이살과 여러 아랍 부족은 오스만 군대를 무찌르고 아카바와 암만을 정복한 후 아랍항쟁에 합류했다. 파이살은 1919년 파리평화회의에 참석하여 모든 민족의 자결권을 약속한 윌슨 미국 대통령의 14개항에 기초하여 레반트 아랍의 완전한 독립을 주장하기도 했다. 아랍 지도자들은 전쟁 중에 영국이 약속했던 트랜스요르단과 팔레스타인을 포함하는 독립국가 건설 약속을 지키라고 요구했다. 파이살의 형 압둘라는 부족들을 조직화하여 시리아 통치국인 프랑스에 저항했다. 이러한 상황을 인식한 영국이 압둘라에게 요르단 아미르 지위를 제안하자 그는 수용했다. 전후 위임통치 기간에 영국 정부는 하심가의 압둘라와 파이살 두 형제에게 각각 요르단과 이라크 통치를 맡겼다. 오스만 제국에 대항하여 싸운 하심가에 대한 영국의 보상이었다. 1921년에 팔레스타인, 트랜스요르단, 이라크 지역이 국제연맹의 공식적인 위임통치 지역이 되면서 영국 정부는 새로운 통치자인 하심가의 아미르 압둘라(압둘라 1세 국왕)와 협정을 맺어 트랜스요르단 아미르국을 건설함으로써 현대 요르단 왕국이 수립되었다. 한편 제1차 세계대전 종전 직후 하심가는 사우드가와 벌인 경쟁에서 패배하고 오늘날 아라비아반도의 사우디아라비아 지역에서 쫓겨났기 때문에 영국이 제안한 요르단, 이라크 지역 통치에 만족해야만 했다.

1923년 5월 15일, 영국은 요르단을 자치국(self-governing state)으로 인정했지만 국민들의 민족적 정체성도, 경제적 기반도 약했기 때문에 신생 요르단의 통치자 압둘라는 나라를 경영하는 데 어려움에 직면했다. 영국은 요르단을 자치국으로 인 인정하긴 했지만 실질적으로 요르단을 통치했다.

1928년 요르단은 영국과 새로운 조약을 체결했고, 조직법을

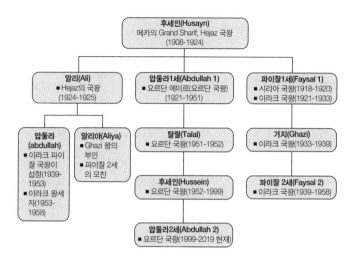

제정하여 입법위원회를 구성하였으며,[14] 사우디아라비아로부터 히자즈를 재탈환하고자 노력하였다.[15] 1946년에 압둘라는 영국으로부터 요르단 국왕임을 승인 받았고,[16] 1947년 헌법을 제정 공포하여 양원제 의회를 채택했다. 1948년 영국은 요르단에 군사 기지 두 곳을 건설하고 군비를 지원하기로 합의했으며, 1950년 요르단이 동예루살렘과 서안을 포함한 팔레스타인 지역의 20%를 통제하는 권한을 획득하는 등 압둘라 국왕은 요르단 근대 국가를 차근차근 형성해 갔다. 그러나 1951년 7월 20일, 예루살렘의 알악사 사원에서 한 팔레스타인 민족주의자에 의해 암살당함으로써 압둘라 국왕 시대는 막을 내렸다.

2) 후세인 국왕, 국가의 안정화와 중동의 균형자

압둘라 국왕의 서거로 왕위가 장남인 탈랄에게 이양되었고, 1952년 1월에 새로운 헌법이 제정되었다. 그러나 탈랄은 오랫동안 정신질환을 앓고 있었으므로 주치의의 권고에 따라 당시 17세였던 아들 후세인에게 왕위를 이양했다. 후세인이 성인이 될 때까지 몇 달 동안 3명으로 구성된 위원회가 후세인을 섭정했다. 1953년 5월 후세인이 국왕으로 등극하여 20세기 사상 세계에서 가장 오랜 기간 동안 왕위를 유지한 국왕이 되었다. 후세인 국왕은 1950년대 민족주의자 장교단의 왕정 전복 시도를 저지했으나 1967년 6월 발생한 아랍-이스라엘 전쟁에서 동예루살렘과 이슬람 성지를 포함하여 서안 지역 통치권을 이스라엘에 빼앗겼다. 많은 팔레스타인 사람들이 요르단으로 유입되어 난민촌이 형성되었고, 요르단에서 팔레스타인해방기구(PLO, Palestine Liberation Organization)가 설립되어 요르단 정규군에 저항했으며, 1970-71년에 내전을 치르는 등 후세인 국왕은 많은 난제들에 직면했지만 불안했던 하심가 요르단 왕정을 안정적이고 튼튼한 반석 위에 올려놓았다. 1973년 아랍-이스라엘 전쟁에서 후세인 국왕은 시리아 전선에 명목상 군대 만을 보냈고, 전후 이집트-이스라엘 평화 협상에 직접 개입하지 않는 등 국내외 상황을 안정적으로 관리했다. 1980-1988년 이란-이라크 전쟁에서 요르단은 걸프 국가들과 미국의 정책에 발맞추어 이라크를 지지함으로써 이라크가 요르단의 가장 강력한 역내 동맹국이 되었다. 그러나 1990년 8월 2일 이라크가 쿠웨이트를 침략함에 따라 요르단은 곤경에 빠졌다. 요르단 대다수 국민은 연합군에 반대하고 이라크를 지지했지만, 후세인 국왕은 서구 동맹국과 이라크 사이에서 중재 역할을 해야만 했다. 요르단의 애매모호한 양다리 외교정책을 미국, 서구 동맹국, 걸프 아랍국, 이집트, 시리아가 강력히 비판하면서 경제 지원을 중단했고, 걸프국에 거주하던 30만 명의 요르단인이 추방되었으며 동맹국의 함대가 아카바 항에서 철수하는 등 큰 어려움을 겪었다.

걸프전 종전 직후 후세인 국왕은 1991년 마드리드에서 시작된 다자협상을 적극적으로 수용하고 아랍-이스라엘 간 평화를 정착시키는 데 중요한 역할을 수행했다. 1993년 이스라엘과 PLO 간 오슬로평화협정이 체결된 직후 요르단-이스라엘 평화협정을 추진하여 다음 해에 결실을 맺었다. 이러한 노력의 결과

요르단은 미국, 유럽 국가들과 선린관계를 재구축했고, 1990년대 말에는 쿠웨이트, 사우디아라비아 등 걸프 국가들과도 외교 관계를 회복하고 금융지원도 받았다. 후세인 국왕은 오랜 기간 암을 앓다가 1999년 2월 사망했으며, 그의 아들 압둘라 2세가[17] 왕위를 계승했다. 후세인 국왕 마지막 10여년 동안에 요르단은 제한적이지만 민주화에 진전을 보였고 몇 차례 경제 재조정 및 세계화에 따른 왕국의 재구조화, 이스라엘과 평화협정 체결 등이 추진되었다. 압둘라 2세 국왕은 이러한 선친의 유업을 물려받았다.

3) 압둘라 2세 국왕, 공고한 입헌군주제 수립

요르단 국가를 수립한 증조할아버지의 이름을 딴 압둘라 2세 국왕은 1962년 1월 30일 후세인 국왕의 장남으로 태어나 왕세자가 되었다. 후세인 국왕은 1965년에 자신의 동생인 하산 왕자를 왕세제로 임명했다가 사망하기 몇 주 전인 1999년 초 하산 대신 자신의 아들 압둘라를 왕세자로 임명했다. 압둘라는 암만의 이슬람교육대학 유치원, 영국의 성 에드먼드학교(St Edmund's School), 미국의 이글부룩학교(Eaglebrook School)

와 디어필드 아카데미(Deerfield Academy)에서 교육과정을 마쳤다. 그는 요르단 군대의 최고사령관인 국왕의 직접 통제를 받는 요르단 하심왕국군의 왕립사관학교에서 1980년 훈련 장교로 군생활을 시작하였다. 영국의 군사 학교에서 군 경력, 미국에서 외교 관련 경력을 쌓았다. 1994년 특수군 지휘자, 1998년 총참모장이 되었다. 1993년 팔레스타인 출신 라니아 알야신(Rania al-Yassin)과 결혼하여 2남 2녀의 자녀를 두었고, 2009년 7월 2일, 장남 후세인을 왕세자로 임명했다.

압둘라 2세 국왕은 경제자유화를 추진하여 2008년까지 10여 년 동안 요르단 경제를 크게 성장시켰으나 2001년 알카에다가 자행한 9·11테러, 2005년 9월 9일 IS의 창설자 자르까위가 자행한 암만 테러 사건, 2006년 요르단 정보국의 지원을 받은 공중 폭격에 의한 자르까위 사망 사건, 2008년의 미국발 대공황, 2011년 아랍의 봄 영향 등 일련이 굵직굵직한 사건으로 정치적·경제적 혼란에 직면하기도 했다. 그러나 압둘라 2세 국왕은 내각 교체, 헌법과 법률 개정 등 선제적 개혁 정책을 단행함으로써 이웃 아랍 국가들과 달리 국가를 안정적으로 관리하였다. 근·현대 요르단에서 발생한 주요 사건은 다음과 같다.

1916	아랍항쟁은 요르단에서 오스만 제국의 전복에 기여함
1920	산 레모회의에서 중동을 영국과 프랑스 위임통치 지역으로 분할하였고, 트랜스요르단은 영국의 통제 하에 들어감.
1946.5.22	트랜스요르단은 UN으로부터 독립국으로 승인 받음.
1948	영국의 팔레스타인 위임통치 종식과 이스라엘 건국. 이스라엘-아랍 1차 전쟁 발발.
1950	요르단, 서안과 예루살렘의 구시가지 병합.
1951.7.20	압둘라 1세 국왕 암살. 장남 탈랄이 왕위 승계.
1952	정신질환으로 탈랄 국왕 하야. 장남 후세인이 왕위 승계. 군주에 권력이 집중된 새로운 헌법 제정.
1967	6일전쟁에서 서안 지역을 이스라엘에 빼앗김. 개인의 자유와 언론의 자유를 통제하는 계엄령 실시.
1989	계엄령 실시 후 처음으로 총선 허용. 정당 설립은 금지.
1990	정치지도자들이 국왕에 충성하고 민주주의 약속을 재확인하는 국민헌장 제정.
1992	정당 설립 금지 해제.
1994	요르단-이스라엘 평화조약 체결.
1999.2.7	후세인 국왕 사망. 장남 압둘라 2세 왕위 승계.
2000	세계무역기구(WTO) 지원으로 경제 근대화 프로그램 시작.
2001	유럽자유무역협회와 협정을 맺어 유럽과 무역협력 추구.
2003	총선에서 친 군주 후보들이 승리. 미국의 이라크 침략을 지원하여 사담 후세인 제거에 공헌.
2005	압둘라 2세 국왕, 개혁 가속. 호텔 세 곳에 대한 테러로 60명 사망. 이에 내각 교체.

2007.11	이슬람행동전선의 투표소 항의에도 불구하고 친정부 후보들이 총선 승리.
2009.11	더딘 개혁 및 대표성을 결핍한 새로운 선거법에 대한 계속된 실망으로 국왕이 의회 해산.
2010.11	의회 선거에서 친정부 후보들이 승리함에 따라 전국적으로 항의 발생.
2011	튀니지와 이집트에서 발생했던 항의시위와 유사한 민중 항의가 발생하자 압둘라 2세 국왕은 새 총리를 임명하고 정치·경제 개혁을 시도함.

4. 요르단 하심 왕국 헌법과 정치체제

헌법은 그 나라의 국가정체성, 국민정체성을 가장 포괄적이고 가장 명확하게 표현하고 있다. 요르단의 헌법도 요르단의 국가정체성과 국민정체성을 분명히 밝히고 있다. 요르단은 영국 위임통치시기인 1928년 4월에 조직법을 공포하였다. 1946년 5월 독립 주권국가가 됨에 따라 헌법이 필요하자 1947년 2월 1일 헌법 초안을 작성하여 관보에 게재하였고, 1947년 11월 28일 입법위원회에서 헌법을 채택하였다. 1952년 1월 1일 탈랄 국왕이 이를 승인함으로써 최초의 헌법이 제정되었다. 2016년에 개정된 요르단 헌법은 제10장 131조(제1장 국가와 통치체제, 제2장 요르단 국민의 권리와 의무, 제3장 권한 총칙, 제4장 행정권, 제5장 헌법재판소, 제6장 입법권 움마의회, 제7장 사법권, 제8장 재무, 제9장 일반 조항, 제10장 법률의 효력과 폐지)로 구성되어 있다.

요르단은 주권을 가진 독립 아랍국가, 아랍 움마의 일부, 세습 왕정 내각제이고(제1조), 이슬람을 국교로 하고 아랍어를 공용어로 하며(제2조), 각종 자유와 권리를 보장하고 국민의 의무를 이행할 것(제7조-제23조)을 규정하고 있다. 삼권이 분립되어 있는데, 행정권은 국왕에게 있고(제26조), 입법권은 입헌군주제임을 고려하여 상원의회와 하원의회로 구성되어 있는 움마의회(국회)와 국왕에게 있으며(제25조), 독립된 사법권은 법원에 있다. 국왕은 국가 원수(제30조)이고, 국군의 최고사령관(제32조)이며, 상원과 하원을 해산할 수 있고(제34조), 총리 임면권(제35조), 상원의회 의원 임면권(제46조), 감형 및 특별사면권(제38조), 칙령권(제40조), 계엄령 선포권(제125조), 헌법 개정 비준권(제126조)을 가진다. 하원의회는 내각 불신임권을 가지고(제54조), 법률에 의해 6년 임기의 최소 9명의 재판관으로 구성된 헌법재판소가 설립된다(제58조). 상원의회 의원 임기는 4년이며 재임명될 수 있다(제65조). 하원의회 의원의 임기는 4년이고(제68조), 보통, 비밀, 직접 선거로 선출된다(제67조). 하원의원의 자격 적합성 판단권은 사법부에 있다(제71조). 국왕은 매년 10월 1일 정기회기 시에 움마의회(상원의회, 하원의회) 회의를 소집한다(제78조). "총리는 모든 법안을 하원의회에 회부하여야 하고, 하원은 모든 법안에 대하여 승인, 수정, 거부할 수 있다. 모든 법안은 상원의회에 상정된다. 법률은 양 의회의 승인과 국왕의 비준 없이는 공포되지 아니한다."(제91조)는 규정으로 보아, 법률제정권은 국왕, 정부(총리), 움마의회에 분산되어 있다고 할 수 있다. 법원은 민사법원, 종교법원, 특별법원 세 종류가 있다(제99조). "시의회와 지방의회의 업무는 특별법에 따라 시의회나 지방의회가 관리한다(제121조)"는 조항으로 보아 지방자치제를 시행한다고 볼 수 있다.

5. 요르단의 종교와 문화

요르단의 국교는 이슬람이고, 전체 인구의 94% 이상이 무슬림이지만 공공질서와 도덕에 어긋나지 않는다면 종교의 자유를 허락한다. 그러나 이슬람으로 개종하는 것은 자유롭지만, 무슬림이 타 종교로 개종하는 것은 시민권 박탈의 빌미가 되고 커다란 사회적 압력이 가해진다. 2006년에 국제 시민적 · 정치적 권리 규약(International Covenant on Civil and Political Rights)에 가입했고, 이 규약 제18조에 종교의 자유를 부여해야 한다고 규정되어 있으나 이 규정을 얼마나 잘 이행하는 지는 의문이다.

요르단 전체 인구의 92%가 순니 무슬림이고, 시아와 수피가 1%이다. 소수 시아 무슬림의 대부분은 이라크와 레바논에서 온 난민이다. 요르단에는 세계에서 가장 오래된 그리스도교 공동체가 있고, 전국 곳곳에 교회가 있다. 주로 암만과 요르단 계곡에 거주하는 그리스도교인은 전체 인구의 6% 내외를 차지한다. 이들 절반 이상이 그리스정교회 소속이고 로마가톨릭, 시리아 정교회, 개신교회, 아르메니아 정교회 신도는 소수다. 그 외에 아주 소수의 드루즈, 바하이교도 등이 있다.

요르단은 이슬람을 국교로 하는 아랍 무슬림 국가이지만, 성서의 땅이기도 하다. 요르단이 이슬람 사회이긴 하지만 이슬람, 아랍과 관련된 요르단 고유 문화는 별로 없어 보인다. 오히려 그리스도교와 관련된 도시 및 유적이 곳곳에 산재해 있다. 요르단 남부 지역(사해와 아카바만 중간)에 위치한 페트라는 1985년에 유네스코 세계문화유산으로 지정된 곳으로 영화 〈인디아나

존스 3편: 최후의 성배〉의 촬영지이다. 해발 950m 높이에 위치한 페트라는 장막에 가려져 있다가 1812년 스위스인 부르크하르트가 발견한 붉은 장밋빛 도시이다. 근처에 모세의 형 아론의 묘가 있다. 붉은 색 사암 위에 건설된 페트라에는 8km의 사암을 깎아서 만든 주거지, 무덤, 극장, 신전, 목욕탕, 장터가 있었다. 페트라는 에돔의 수도(셀라)였고, 나중에 나바테아 사람들이 수도로 삼으면서 지금의 페트라를 건설했다. 106년에 로마 제국의 식민지가 되었기 때문에 로마식 건물이 추가로 건설되었다. 장미빛 사암을 깎아 만든 높이 40미터, 너비 28미터의 신전이자 무덤인 카즈네 피르아운(파라오의 보물)은 그리스식 도시 알렉산드리아의 건축 양식을 따른 것으로 페트라 건축물과 조각 중에서도 백미다.

요르단의 수도 암만에서 48km 거리에 있는 제라시는[18] 1~2세기 로마의 동방 거점도시로 건설되었다. 중동의 폼페이라고 불리며 3000년 이상의 긴 역사를 간직한 제라시는 가장 잘 보존되어 있는 로마 도시 유적지 중 하나로 오늘날 요르단의 주요 관광지이다. 여러 제국들이 제라시를 점령했기 때문에 그리스 시대, 로마 시대, 이스라엘 시대, 비잔티움 시대, 페르시아 시대, 아랍 시대 등 여러 시대 문화유적이 혼재되어 있다.

히브리 성서에 따르면 모세가 에굽(이집트)에서 이스라엘 백성을 이끌고 나와 광야에서 헤매던 중 백성들의 불만이 극에 달했다고 한다. 기도 중 신의 음성에 따라 구리로 만든 뱀으로 백성을 구한 곳으로 알려진 느보산은 그리스도인들의 순례지로 유명하다. 모세는 이집트에서 430년 동안 노예생활을 해왔던 200만명의 이스라엘인을 데리고 이집트를 탈출하여 40년 동안 홍해, 시나이반도, 에돔, 모압, 암몬을 거쳐서 젖과 꿀이 흐르는 땅 가나안으로 들어가는 도중에 느보산에서 최후를 마쳤고, 그의 후계자 여호수아가 결국 가나안을 정복했다.

아카바는 이스라엘의 에일라트항과 함께 홍해의 끝자락에 위치한 요르단 유일의 항구 도시다. 아카바 지역은 이스라엘, 사우디아라비아, 이집트와 국경이 맞닿아 있는 곳이고, 아카바항은 요르단의 경제, 관광 도시이다. 성서에 아카바는 에시온게벨로 기록되어 있는데, 모세의 이집트 탈출 시에는 이스라엘 백성이 진을 쳤던 곳이고, 솔로몬 시대에는 구리제련소가 있던 곳이다. 비잔티움 제국, 십자군의 점령지였으나 1170년 살라딘이 점령하였고, 오스만 제국의 영토로 편입된 곳이다.

모압 왕국의 수도였던 카락, 이집트 탈출 시 이스라엘 백성이 에돔과 모압의 변경을 돌아 이르렀던 아르논 계곡과 아르논 강,

성서에 가장 많이 언급되고 있는 요르단 강, 염화마그네슘, 나트륨, 칼슘 등 풍부한 광물질이 많아 이스라엘과 요르단의 최고 관광지인 사해 등 요르단에는 그리스도인들의 성지순례지 및 관광지가 많다. 로마교황청은 모세가 사망한 느보산, 예수가 세례자 요한에게서 세례를 받은 베다니, 세례자 요한의 순교지 마케루스, 선지자 엘리야의 고향, 성모 마리아의 성소가 있는 안자라 교회를 요르단 내 5대 그리스도교 성지로 지정한 바 있다. 이는 요르단이 성서의 땅임을 분명하게 보여준다.

6. 요르단 경제

요르단은 중동에서 경제 규모가 작은 편이고, 대외원조와 외국인 투자에 의존하는 국가 중 하나이며, 석유를 포함한 천연자원과 수자원이 풍부하지 못한 국가이다. 2008년 미국의 모기지 사건으로 시작된 전 세계적 금융 위기, 아랍의 봄과 시리아 내전이라는 지역적 혼란, 에너지 위기, 요르단 총수출의 20%을 차지하는 대이라크 수출로 봉쇄, 외부로부터 유입되는 송금액 감소, 높은 안보 비용, 식량 및 석유가격의 상승 등이 겹치면서 2010

년 이후 요르단 경제는 매우 큰 어려움을 맞고 있다. 〈그림1〉이 보여주는 것과 같이 요르단 경제는 2000~2009년 기간에 연평균 6.5% 성장했으나 2010~2016년의 연 평균 성장률은 2.5%로 급격한 하향 추세를 보이고 있다. 경제성장 둔화로 실업률이

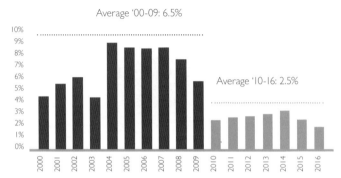

〈그림1〉요르단의 경제성장률 추이

자료: 요르단 중앙은행; The Economic Policy Council 재인용.

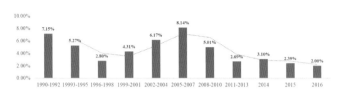

〈그림2〉요르단의 실질GDP 성장률

자료: Jordan Strategy Forum(2017.9)

2010년 12.5%에서 2016년 15.25%로 높아졌고, 빈곤률도 2010년 14.4%에서 2016년에는 20%로 증가했다. 특히 2016년 청년 실업률은 25%였다. 중동의 분쟁 지역, 특히 시리아 내전때문에 요르단으로 대량 입국한 시리아 난민이 경제적·사회적 불안 요인이다. 〈그림2〉에 따르면, 요르단의 실질 GDP성장률이 2010년 이후 하향곡선을 그리고 있음을 잘 보여준다.

요르단의 GDP 분야별 기여도는 정부 서비스, 금융, 제조업, 수송, 관광 순으로 높은데, 2015년 이후 성장이 하락하거나 정체되었다. 이에 따라 요르단 정부는 2021년 6.5%, 2025년 7.5%의 성장을 목표로《요르단 비전 2025(Jordan Vision 2025)》를 수립하여 적극적으로 추진 중이다.

요르단 경제는 비교적 안정적으로 성장해 왔으나 2011년 아랍의 봄 이후 시리아 내전 등 중동정세 불안정에 따른 성장률 둔화, 실업률 증가, 사회적 불안정성 증가 현상을 볼 수 있다. 그러나 압둘라 2세 국왕의 지도력이 매우 안정되어 있고 국민의 국왕 지지도 또한 높기 때문에 중동 지역 정세가 안정화된다면 2000년대 초 경제성장률을 회복하고 사회도 더욱 안정될 것이다.

7. 한국-요르단 관계

한국과 요르단은 1962년 7월 26일 외교관계를 수립한 이후[19] 지금까지 외교 마찰 없이 우호관계를 유지해 오고 있다. 요르단은 국제기구에서 우리의 입장을 지지해 왔고, 남북통일 문제도 당사자간 대화로 해결되어야 한다는 입장을 고수함과 동시에 우리 정부의 통일 노력을 높이 평가하고 있다. 요르단은 남북한 유엔 동시 가입을 지지한 바 있다. 특히 압둘라 2세 국왕은 1999년, 2004년, 2008년, 2012년 방한하여 양국 간 다양한 분야 협력을 공고히 해 왔다. 우리나라 대통령이 요르단을 방문한 적은 없지만, 대통령 특사, 국회의장, 부총리, 여러 장관이 요르단을 방문했고, 요르단에서도 왕세자, 상하원 의장과 의원, 여러 장관이 방한하여 양국 관계를 공고히 다지는 데 일조하였다.

요르단과 북한은 1974년 7월에 수교했으나, 1983년 북한이 이란에 군사지원을 했다는 이유로 북한대사 신임장 제정을 보류한 바 있다. 양국관계는 1991년 대사급으로 격상되었다. 그러나 1998년 3월 북한이 재정난을 이유로 주요르단 공관을 일방적으로 폐쇄하고 주시리아 대사가 요르단 대사를 겸임해 왔다. 요르단과 북한은 비동맹회원국 일원으로 상호 일반적인 기본

관계를 유지할 뿐 경제 등 실질 협력관계는 극히 미미한 것으로 알려져 있다.

주석

문화의 용광로, 요르단 하심 왕국

1 주 요르단대한민국대사관 홈페이지(http://overseas.mofa.go.kr/jo-ko/brd/
   m_11167/view.do?seq=600372&srchFr=&srchTo=&srchWord=&a
   mp;srchTp=&multi_itm_seq=0&itm_seq_1=0&itm_seq_2=0&
   amp;company_cd=&company_nm=&page=1)

2 하심가는 사우드가가 메카를 점령한 1925년까지 700년 이상 동안 메카를 통치
   한 가문으로서 무슬림 세계에서 가장 오래된 통치왕조이다.

3 에돔은 '빨강' '붉다'라는 의미를 가지고 있으며, 성경에 따르면 이삭의 장남 에
   서가 팥죽 한 그릇에 아브라함-이삭-에서로 이어져 내려오는 장자 상속권을 동
   생 야곱에게 판 데서 유래했으며(에서와 야곱은 쌍둥이 형제임), 에서는 피부가
   붉었고 몸에 털이 많으며 사냥에 능한 사람이었다. 산악지대에 위치한 에돔의
   수도는 셀라(현재의 페트라)였으며, 페트라는 로마제국의 한 부분이기도 했고,
   후에 나바테안의 수도였다.

4 모압은 '아비의 소생'이란 뜻이다. 히브리인들의 성서에 따르면 모압이라는 이
   름은 아브라함의 조카 롯이 죄악으로 가득 차 있어서 하느님의 심판을 받아야
   했던 소돔과 고모라를 피해 두 딸과 함께 소알 근방의 한 동굴에서 기거하는 중
   에 장녀와 근친상간을 통해 낳은 아들의 이름이다(창세기 19:37).

5 롯의 차녀가 아비 롯과 동침하여 낳은 아들의 이름이 '내 아버지의 아들'이란 의
   미의 벤암미다. 벤암미는 암몬 족속의 조상이다. 암몬은 암만을 수도로 정했는
   데, 암만은 현 요르단의 수도이기도 하다.

6 요르단 지역은 105년에 로마제국의 통치를 받게 되었다.

7 5-6세기에 비잔티움 제국의 통치 하에 들어갔다.

8 636년에 야르묵 전투에서 이슬람군이 비잔티움군을 대파함으로써 레반트 지역 이 이슬람제국 통치하에 들어갔다.

9 11-12세기에 십자군이 설립한 예루살렘 왕국의 지배 하에 들어갔다.

10 그리스문화 시대는 알렉산더 대왕이 사망한 기원전 323년부터 로마가 기원전 31년에 악티움 전투에서 승리하고, 곧바로 이집트에 기반을 두고 있던 그리스문 화 왕국인 프톨레마이오스를 실질적으로 정복한 시기 사이의 시대를 가리킨다. 이 시기에 유럽, 북아프리카, 서아시아 지역에 퍼진 그리스 문화의 영향력은 최 고조에 달하였다.

11 나바테아는 기원전 800년경에 페트라를 중심으로 하여 북부 아라비아와 남부 레 반트 지역의 주민들로 구성된 왕국이다. 남-북 무역로를 따라 수립된 왕국으로, 기 원전 64년에 로마의 폼페이우스 장군이 점령하기 전 까지는 독립을 유지하였다.

12 무으탄은 오늘날 알카락(al-Karak)이다.

13 3세기 초에 레반트 지역으로 이주한 예멘 아즈드 부족 후손들이 세운 아랍 왕국.

14 1939년에 입법위원회를 국무위원회로 전환하였다.

15 시온주의자, 시리아 민족주의자, 레바논 그리스도교인, 사우디아라비아, 이집 트, 프랑스 등의 반대로 그의 큰 꿈은 비현실적인 것으로 끝났다.

16 영국과 요르단은 새로운 협정을 통해 1928년의 조직법을 헌법으로 바꾸고, 영 국은 압둘라를 요르단의 국왕으로 승인하였다.

17 이슬람예언자 무함마드의 딸 파티마와 4촌이자 사위인 알리로부터 이어지는 무 함마드의 41세손임.

18 성서에는 '게르게사(거라사) 인의 땅,' '게르게사 근방'(루가복음 8:37)으로 표현 되어 있다. 제라시는 아랍 시대에 붙여진 명칭이다. 게르게사는 기원전 332년 경에 알렉산더 대왕에 의해 건설되었으나 로마제국의 땅이 되면서 데카폴리스 (고대의 도시 연맹체)의 하나로 중요한 역할을 담당하였다.

19 1965년 7월 4일 주한 요르단 명예영사관 설치, 1970년 5월 12일 주 암만 한국 명예총영사관 개관, 1975년 3월 31일 주 요르단 한국 상주 대사관 설치, 2010년 10월 주한 요르단 초대 대사 부임.

참고문헌

주요르단 한국대사관 홈페이지(http://overseas.mofa.go.kr/jo-ko/index.do. 검색일 2018.8.15)

박찬기. 2004. "요르단의 정치발전과 이슬람: 왕정수호를 위한 이슬람," 21세기 중 동이슬람문명권 연구사업단 편, 『중동정치의 이해 1』. 서울: 한울아카데미.

Jordan Economic Monitor. 2013 (Spring). "Maintaining Stability and Fostering Shared Prosperity Amid Regional Turmoil." (http://www.worldbank.org/content/dam/Worldbank/document/MNA/Jordan_EM_Spring_2013.pdf 검색일 2018.8.18)

Jordan Strategy Forum. 2017 (September). Policy Paper. "On the Challenges of the Jordanian Economy: The Need for a Fresh Look, Why and How?" (http://jsf.org/sites/default/files/EN%20On%20the%20Challenges%20of%20the%20Jordanian%20Economy.pdf 검색일 2018.8.18)

Idris, Iffat. 2016. *Economic Situation in Jordan.* (https://opendocs.ids.ac.uk/opendocs/bitstream/handle/123456789/13045/K4D_HDR_Economic%20Situation%20in%20Jordan.pdf;jsessionid=C521A4D775585ACEA6F3F57A4A637806?sequence=1 검색일 20188.17)

Ryan, Curtis R. 2007. "Hashimite Kingdom of Jordan." In David E. Long, Bernard Reich and Mark Gasiorowski eds. *The Government and Politics of the Middle East and North Africa.* Colorado: Westview Press.

The Economic Policy Council. 2018. *Jordan Economic Growth Plan 2018~2022.* (http://jordanembassyus.org/sites/default/files/Jordan%20Economic%20Growth%20Plan%202018-2022.pdf 검색일 2018.8.17)

찾아보기

【ㄱ】

가부동수 110, 116
가족 18
각료회의 44, 46, 54, 58, 60, 62, 76,
    88, 122, 146, 152, 154, 156, 158
감사원 150
감형 54, 189
거주지 22
계엄령 28, 158, 187, 189
고등법원 70, 78
공무담임권 32
구금 20, 22, 112
국기 16, 171
국왕 36, 38, 40, 42, 44, 46, 48, 50,
    52, 54, 56, 58, 60, 62, 64, 74,
    78, 88, 98, 100, 102, 104, 106,
    108, 116, 118, 120, 122, 146,
    152, 158, 160, 170, 171, 189,
    190
국적 18, 78
군대 160
그리스도교 176, 191, 194

긴급사태 28, 126, 156, 158

【ㄴ】

나바트 왕국 175, 176
내각의 불신임 70
노동 18, 24, 34
느보산 193, 194

【ㄷ】

대리인 44, 46, 66
대법원 78

【ㅁ】

망명자 32
면책 150
무슬림 42, 134, 136, 138, 170, 190,
    191
민사법원 128, 130, 132, 190

【ㅂ】

보상 22, 34
부왕 56
부총리 64
비무슬림 136

【ㅅ】

사법위원회 56, 128
사생활 20
사이크스-피코 협정 178, 180
사형 판결 54
산 레모 회의 180
샤리아 84, 134, 136
샤리아법원 128, 134, 136, 138
선거관리위원회 114
섭정위원회 44, 46
세금 142, 144, 148
세습 왕정 내각제 14, 189
수피 170, 191
순니 170, 191
시아 170, 191
시의회 152, 190

【ㅇ】

아랍어 14, 170, 189
아카바 171, 172, 180, 184, 191, 193
암만 14, 170, 171, 175, 180, 185, 191, 192
압둘라 2세 170, 185, 186, 187, 188, 196, 197
야르묵 전투 173, 177
에돔(Edom) 174, 175, 192, 193
연간보고서 150

와끄프 136, 138
왕세자 40, 56
왕위 상속자 42
왕위 세습 40
요르단 비전 2025 196
움마의회 36, 42, 44, 46, 48, 50, 52, 82, 102, 104, 106, 108, 112, 120, 122, 142, 144, 154, 189, 190
이슬람 14, 189, 190, 191
일반사면 54
일반 예산 144
입법권 36, 82, 189

【ㅈ】

자유 20, 32, 162, 189
장관 36, 42, 52, 54, 56, 58, 60, 62, 64, 66, 68, 70, 72, 84, 96, 104, 110, 126, 154
장애인 20
재무 142, 189
정당 28
제라시 176, 192
종교법원 130, 132, 134, 190
종파위원회 134, 136, 138
지방의회 88, 152, 190
집회의 자유 28

【ㅊ】

체포 20, 112
총리 42, 52, 54, 56, 58, 60, 62, 64,
　　66, 84, 96, 104, 112, 116, 118,
　　154, 189, 190
최고민사재판소 154
최고사령관 7, 50, 189
최고위원회 152, 154

【ㅌ】

통신 수단 28, 30
통치체제 14, 188
통화 54
트랜스요르단 172, 173, 174, 175,
　　176, 177, 178, 180, 181, 187
특별사면 54
특별재판소 154, 156

【ㅍ】

판사 78, 128, 130, 154
팔레스타인해방기구 183
팔레스타인 헌법 칙령 164
페트라 176, 191, 192
표현(의견)의 자유 26

【ㅎ】

하심 14, 40, 132, 136, 152, 162,
　　172, 188
하심가 173, 178, 180, 181
학교 30
학대 20
행정구역 152
행정권 36, 40, 189
헌법재판소 74, 76, 78, 80, 189
현행범 112
회계연도 142, 144, 146
후견인 44, 46
후세인 국왕 183, 184, 185, 187

명지대학교 중동문제연구소 중동국가헌법번역HK총서12

요르단 하심 왕국 헌법

등록 1994.7.1 제1-1071
발행 2019년 6월 15일

기 획   명지대학교 중동문제연구소(www.imea.or.kr)
옮긴이   김종도 정상률 임병필 박현도
감 수   김현종 남혜진
펴낸이   박길수
편집장   소경희
편 집   조영준
관 리   위현정
디자인   이주향
펴낸곳   도서출판 모시는사람들
        03147 서울시 종로구 삼일대로 457(경운동 수운회관) 1207호
전 화   02-735-7173, 02-737-7173 / 팩스 02-730-7173
홈페이지 http://www.mosinsaram.com/

인쇄   천일문화사(031-955-8100)
배본   문화유통북스(031-937-6100)

값은 뒤표지에 있습니다.
ISBN 979-11-88765-49-2   94360
SET   978-89-97472-43-7   94360

* 잘못된 책은 바꿔 드립니다.
* 이 책의 전부 또는 일부 내용을 재사용하려면 사전에 저작권자와 도서출판 모시
는사람들의 동의를 받아야 합니다.

이 도서의 국립중앙도서관 출판예정도서목록(CIP)은 서지정보유통지원시스템
홈페이지(http://seoji.nl.go.kr)와 국가자료공동목록시스템(http://www.nl.go.kr/
kolisnet)에서 이용하실 수 있습니다. (CIP제어번호 : CIP2019020766)

이 역서는 2010년 정부(교육과학기술부)의 재원으로 한국연구재단의 지원을
받아 수행된 연구임(NRF-2010-362-A00004)